U0094505

从大航海
到大博弈

美国历史文化十讲

王冲 著

From the Great Navigation
to the Big Game

南京大学出版社

序　言

一

本书的主旨是研究美国。对于美国研究，我的基本观点是既很容易又很难。说容易，是因为研究美国的资料一大堆，很多文件都是开放的；说难，是因为很难找到特别独家的资料或独特的视角。美国本身就是复杂的，你可以是美国经济研究专家、美国政治研究专家或是美国文化研究专家，但很难说你是美国专家。一个研究纽约的人，未必了解洛杉矶；一个研究美国城市的人，未必了解美国的乡村。

美国是复杂的，即便同一座城市的不同区域也是迥然不同，比如说底特律。我2004年去底特律时，非常不喜欢这座城市，因为它的市区太破败。看了郊区的奢华后，更加不喜欢这个贫富差距如此悬殊的地方。

这里是福特、通用、克莱斯勒三大汽车制造商的根据地。或许是因为汽车太多的缘故,这座城市的公共交通差得出奇。有一条高架轻轨从我住的宾馆旁经过,可惜只是单行,不能往返,很少有人乘坐。更可怕的是底特律被称为"谋杀之都",害得我晚上都不敢出去溜达。

这里曾经异常繁华,可这些年到处都是人去楼空的情形。在市区,好多建筑物无人居住,大门紧闭,街道上行人很少,只是每到有棒球或篮球比赛时,才有一点城市的迹象。底特律一度拥有 1 700 万人口,而今市区只剩不到 100 万人,就连图书馆也因预算不够关门大吉。

与此形成鲜明对比的是郊区的富足。我到一个叫格罗斯地带的富人社区做客,感觉和市区是两个世界,那是典型的美国式木头住宅,四周树木环绕,草坪修剪齐整,对面是圣克莱尔湖,湖对面就是加拿大。主人说,这栋房子花了 100 万美元,再往远处走,有福特家族的住宅,每栋至少价值 400 万美元。

底特律失业率高,谋杀不断,居民牢骚满腹。失业是因为汽车厂商把工厂转移到了其他地方,这里缺少工作机会。我做客的格罗斯地带,曾抓住过一个意大利黑手党头目,名叫帕克罗尼,当地人说,帕克罗尼家有条地道,可以通到他的同伙家,警察去抓人经常扑空。

底特律只是美国的缩影，我看到的是两个美国：一个沿海的美国，一个内陆的美国；一个共和党的美国，一个民主党的美国；一个郊区的美国，一个城区的美国；一个黑人的美国，一个白人的美国。

二

换个哲学的角度看美国，也许更有意思。

宋代禅宗大师青原行思提出参禅三境界："参禅之初，看山是山，看水是水；禅有悟时，看山不是山，看水不是水；禅中彻悟，看山还是山，看水还是水。"

有时候，看中美关系也需要有这样的不同境界。

中美之间的第一重境界——看山是山，看水是水。这便是恢复邦交之初，大家怀着好奇与新鲜，将对方的一切都用一种童真的眼光来看待。以《河殇》为代表的文化激进主义者，直言要抛弃陆地文明，拥抱以美国为代表的海洋文明；而中国在美国的形象，也曾如大熊猫一样谦恭、可爱。

中美关系的第二重境界——看山不是山，看水不是水。中美密切交往后发现，对方不是想象中那样的国度，在面具后隐藏着太多的"潜规则"。

看到的,未必是真实的。这种境界,让中美关系成为一个很难说清、很难定义的话题。即便知名学者也不愿空泛地谈论这一话题,而是更愿意就其中一个侧面展开讨论。但是,任何一个侧面也要受中美关系这个大气场的制约。每个中美关系的亲历者、关注者、评论者都身居其中,如雾里看花,亦真亦幻,不明所以。

这并非我辈愚钝,而是发展阶段的必然。可以说,中美不是朋友,不是敌人;也可以说,中美既是朋友,又是敌人。既然说不清,有人就用"复杂"(Complex)予以表述,有人甚至用了"新冷战"这样的说法。这些都合理,也都有局限。当然,我也找不出更好的词来形容。

受彼此政治制度、发展模式、历史文化的制约,这一境界将会持续漫长的时间,这就是大家常说的结构性矛盾。但结构性矛盾一定无解吗?未必。

中美关系的第三重境界——看山还是山,看水还是水。这几乎是可遇而不可求的。

二战时期的英美似乎也有这种感觉。美英盟国的军政首脑在华盛顿召开阿卡迪亚会议,拟定出标志着世界反法西斯统一战线正式形成的《联合国家宣言》。会议期间的一天上午,丘吉尔正在浴室洗澡,突然,美国总统罗斯福携带宣言草案,坐着轮椅来到丘吉尔的房间,兴奋地大喊:"大英帝国有救了!"丘吉尔闻讯,兴奋至极,竟赤条条地从浴室冲了出来。罗斯福非常尴尬,连连道歉,示意要告辞。丘吉尔灵机一动,连忙伸手阻拦,幽默地说:"不不不,大不列颠首相在美国总统面前没有什么可隐瞒的!"一席话说得罗斯福开怀大笑。

文化不同,传统不同,中美之间也许永远无法到达这种"无可隐瞒"的境界。

三

美国如此复杂,需要换个角度来看。这本书从大航海时代开始,从移民入手,从政治、经济、大选、传媒等多个角度解读美国。

第一讲试图回答移民为什么要冒着巨大风险去美国的老话题,从宗教精神、欧洲社会现状谈起,进一步探讨美国的地理扩张,算是对"古典时期"美国的概述。

第二讲分析美国人的性格。我一直认为,一个国家的性格是国民性格的总和。美国人的性格大家都觉得是乐观、直率,但深层还有什么?并不是我们想象的那样简单。他们有无知傲慢的一面,也有实用主义的特点,偶尔还会表现出势利眼。他们可以疯狂工作，也可以疯狂玩耍，个人主义是他们性格的最佳写照。

第三讲和第四讲说的是美国总统以及美国大选那些事儿。这是我多年来关注的领域。美国政治可能不像《纸牌屋》那样黑暗，但也不像有些人想的那样单纯，华盛顿圈子里的故事永远比你想象的更加精彩。从安德鲁·杰克逊到特朗普，美国出了不少独具一格的总统；从威尔逊到奥巴马，美国和孤立主义、单边主义抗争的传统一直在延续。

第五讲谈美国的外交。有人喜欢说美国是个年轻的国家，只有不到 300 年的历史，可是从美国的外交脉络和外交思想看，它有着深厚的历史传承。和美国的思想一样，美国的外交深受古希腊和古罗马的影响，这是整个西方思想的渊薮。古希腊的外交核心思想在于结盟，各个城邦国家不像东方一样统一成大帝国，面对外敌，他们形成同盟以保卫自己。今天，欧洲形成了各国让渡部分主权的欧盟，而美国则拥有超过 30 个国家组成的世界范围内的同盟。

和古希腊不同，罗马从共和国变成了帝国，而今天的美国和罗马帝国相似度极高。外交方面，罗马为确保自己是第一，对于迦太基这样的强大对手坚决给予打击，对于任何有可能成为第二的国家，则坚决防范，毫不手软。

美国的外交思想，还深受英国的影响。作为称霸世界 300 多年的帝国，英国留下了诸多世界治理和外交方面的遗产。其中特别重要的包括均势、制衡等策略。英国是个岛国，对欧洲采取均势策略。如今，从世界地图上看，美国在两洋的包围下也像是一个岛屿，它对崛起的印太地区也是采取制衡的策略，以拉盟友围堵对手的做法维护领导地位。

从第六讲到第九讲，关注的是美国的经济、种族、社会和媒体。这些属于美国的内政，每次美国大选的结果，更多是受内政尤其是经济的影响。1992 年克林顿战胜老布什赢得大选之后，说了句"笨蛋，关键是经济"，一句话切中了美国的要害。美国人说一切都是生意，他们对于外界事物并不是那么关心，而是更关注自身的利益，关注自己那一亩三分地。用托克维尔的话说，一切政治都是地方的。

最后一讲回顾了中美关系的风风雨雨。中美关系是 21 世纪世界上最重要的双边关系。以前有人说，中美关系好也好不到哪儿去，坏也坏不到哪儿去，但现在看来，中美关系尚有诸多挑战，其严峻程度超过了学者们的预估，尤其是特朗普担任美国总统以后，中美关系本来存在的结构性矛盾愈发凸显。

在中美关系好的时候，海外媒体的描述是一对同床异梦的夫妻，英国的《经济学人》杂志曾经就此做过一期封面，画面是中美像夫妻一样背对背睡觉；在中美关系不好的时候，各界都在担心"修昔底德陷阱"。总之，中美关系是既竞争又合作的关系，是有共同利益又彼此分歧的关系。

中国的目标是发展成为一个富裕、强大、统一的中国，以造福于本国及世界人民，同时维护世界和平。美国的目标是将所谓自由与民主的理念散播到全世界，同时维护国家安全。

纵观中美开启交往后的历史，既有亲密合作，也有兵戎相见。如今，随着中国国力的上升，中美关系不仅影响两国人民，更影响世界政治、经济的走势。

目录

序言

第一讲 移民新大陆与美国的建立

美国很大众化。一方面,它有发达的媒体,有触角遍布世界的好莱坞影视体系,也有崇尚开放自由的言论环境。因此,关于美国的书籍、评论可谓汗牛充栋,即便大街小巷的司机,说起美国来也都有自己一套独特的看法。另一方面,美国又是复杂的,它看似简单逻辑的背后,看似实用主义的背后,有着宗教、文化、种族的多种因素。

站在客观视角看美国,可以分析它的来龙去脉,分析它的内政外交;而如果作为美国的受害者,如伊拉克、叙利亚、阿富汗,眼中便是另外的美国。同样,许多国家的人可能讨厌甚至仇恨美国,却依然把孩子送到美国读书。

因此,如何写美国是个难题,就像写论文一样,李白谁都知道,所以要写好一篇关于李白的论文比登天还难。开一门美国历史文化的课看起来容易,随手找一本美国史,去芜存菁,添加一点其他资料和自己的理解,就可以了。但真要深入了解美国,通过研究得出一些经得住推敲的结论,就是难度颇高之事了。

然而,凡事都有开头,我们就从发现新大陆开始吧。

哥伦布发现美洲大陆是一件跨时代的大事。之后,西班牙、葡萄牙殖民者蜂拥至美洲大陆,西红柿、土豆、玉米这些物种,从新大陆传到了欧亚,改变了人类的饮食习惯,甚至可以说这些物种拯救了欧亚地区许多人的生命。

那是一块无主之地,最先发现的人,插上标牌,给这个地方命名,再对着本国国王的方向拜上三拜,就宣称是这里的主人了。紧随西班牙和葡萄牙的脚步,英法殖民者也纷纷移民新大陆,有人为了宗教信仰,有人为了传说中的黄金,有人干脆就是为了活着,更有甚者,是被移民公司的虚假广告忽悠过去的。

鱼龙混杂,弱肉强食,这就是美洲的状况,直到一群有信仰的人,带着和之前的移民者迥然不同的理念来到这块蛮荒之地……

第一节 为什么冒死移民新大陆

1620 年 11 月 21 日,美国历史上具有里程碑意义的一天。

一艘重 180 吨、长 90 英尺的木制帆船"五月花号"载着 100 多名清教徒,在著名的清教领袖威廉·布雷德福的带领下抵达北美大陆。这是一次成功的旅程,漂浮在茫茫大海上两个多月,只有一人死亡,而一个新出生的婴儿立即补足了缺失,人数和出发时一样——102 人。安全登陆后,移民无不手画十字,衷心感谢上帝的眷顾。

今天,"五月花"号的复制品就停泊在马萨诸塞海湾,船舱里摆放着一份文件的复制品,这份文件被称为美国最早的立国文本:

为了上帝的荣耀,为了增强基督教信仰,为了提高我们国王和国家的荣誉,我们漂洋过海,在弗吉尼亚北部开发第一个殖民地。我们这些签署人在上帝面前共同庄严立誓签约,自愿结为民众自治团体。为了使上述目的能得到更好的实施、维护和发展,将来不时依此而制定颁布的被认为是对这个殖民地全体人民都最适合、最方便的法律、法规、条令、宪章和公职,我们都保证遵守和服从。

来到北美的殖民者,有人梦想发财致富,有人为了逃离牢狱之灾,有人为了获得一小块属于自己的土地,但"五月花"号上的这些人,他们到北美是为了信仰自由。

在这些人的家乡英国,英国国教占据着主导地位。英国本来是正统的天主教国家,但到亨利八世在位期间,教会控制了英国的财富,这位君王对罗马教皇的指手画脚心怀不满,当教皇反对他娶年轻的侄女为妻时,亨利八世于 1529 年选择与教皇决裂,自立门户,成立英国国教,把反对派推上断头台,其中就包括《乌托邦》的作者、首席大臣莫尔。

后来,亨利八世的长女玛丽即位后恢复天主教,大肆镇压信奉英国国教的人,荣获"血腥玛丽"的称号。如今,酒吧里有一种鸡尾酒的名字就叫"血腥玛丽",她在位虽然只有三年多,但可谓留名青史。玛丽死后,她的妹妹伊丽莎白继任,恢复了英国国教。

美国 HBO 和英国合拍的《都铎王朝》,以基本符合史实并略加改编的方式再现了这段历史。

英国国教也有其他叫法，有人称为圣公会，有人称为安立甘宗，都是一回事。

我们知道，英国是以保守著称的国家，即使在光荣革命走上资本主义道路后，仍然保留了皇室。在宗教方面，英国国教和欧洲大陆轰轰烈烈的宗教改革相比，力度太小，仍保留着浓厚的天主教痕迹。受欧洲大陆影响，一些人主张清除英国国教内部的天主教残余，被称为"清教徒"，他们在17世纪发起的那场运动被称为"清教运动"。

当然，哪里有反抗哪里就有压迫。17世纪上半叶，清教徒与英国国教的冲突愈演愈烈，有些清教徒背井离乡逃到新教国家荷兰，结果迫害接踵而至，于是继续背起包裹，乘"五月花"号到北美大陆寻找宗教乐土。而那些留在英国的清教徒则在克伦威尔的率领下发动革命，后来斯图亚特王朝复辟，天主教重新得势，直到1688年英国光荣革命后，英国国教一统江湖，天主教、犹太教、清教都受到压制。

此后，英国议会通过《宽容法》，允许不信奉国教的新教徒建立自己的教会，但对清教徒担任公职仍有所限制，直到1828年政权才对清教徒完全开放。如今，英国仍然为北爱尔兰问题所困扰。在这块弹丸之地，天主教徒和新教徒互不相让，由前者的信徒组成的爱尔兰共和军更是一度名噪全球。

先搁下英国国内的变迁,我们来继续探讨清教徒。

"五月花"号抵达美洲并不是移民的结束,从 1629 到 1640 年,有 75 000 多名清教徒难民逃离英国,其中有三分之一来到了北美洲。

早在 1584 年,英国航海家沃尔特·雷利开辟了英国在北美洲的第一块殖民地,取名"弗吉尼亚",以示对"童贞女王"伊丽莎白一世的敬意。但这个殖民地发展得并不好,缺乏公正的环境,偷盗抢劫如家常便饭。在部分清教徒看来,弗吉尼亚是道德败坏者、情欲放纵者的乐园。

清教徒们要建立自己的乐土,但这是个艰难的过程。

第一个冬天,他们遭遇严寒,食品不足,冻死饿死多人。生死存亡时刻,印第安土著送来了火鸡等食品,帮他们渡过难关。后来,为表示感谢,设立了感恩节。可讽刺的是,这件感人至深的事情却是一个类似农夫与蛇的故事。

移民对土地的贪婪,对异族文化的缺乏宽容,以及文化习俗的诸多不同,引发了移民和印第安人的全面对抗。以部落文明对抗武装到牙齿的工业文明,这是一场印第安人注定会失败的战争,他们有的战死,有的含泪远走他乡,留下的是广袤的土地和一个个悲伤的故事。这场移民对土著毫不宽容的掠夺,持续了数百年,以奥尔良将军安德鲁·杰克逊的所作所为最为恶劣。看似温文尔雅的白人将印度安人小孩吊死的事情，屡屡上演。

这些残酷的争斗，是好莱坞电影的绝佳素材。虽然电影也有反省，但更多是对美国拓荒文化的赞扬。如今，存活下来的印第安人居住在保留地，收入、生活状况，都远远不如白人。他们留下的痕迹，只剩已经成为英语的地名，如芝加哥就是当年印第安语对这块土地的称呼。

当然，和印第安人打仗的不只是乘坐"五月花"号的马萨诸塞人。"五月花"号抵达北美 10 年后，毕业于剑桥大学的约翰·温瑟罗普带着一群人再度开始探险之旅。

约翰·温瑟罗普出身于殷实之家，做过律师，斯图亚特王朝复辟后，他成了坚决的反对派，他担心天主教的阴谋活动，担心英格兰要完蛋了，因而决心到大洋彼岸建立"新英格兰"。他梦想中的"新英格兰"，是乌托邦一样的净土，没有任何异教徒，圣经《旧约》是最高法典。在这个清教徒享有一切的地方，其他人要么服从规则，要么离开。

抵达美洲后，他原本打算在一个叫萨勒姆的地方定居，但那里已经有了一个白人建立的村庄，情况不太好，他担心新来的人受到那些人的影响，于是向南挪了一下，在一个海湾停船抛锚，建立村庄，取名"特里蒙泰因"（Tremontaine，又译作"三山镇"），后改名波士顿。

新英格兰是了解美国历史文化不可错过的地区。它由缅因州、新罕布什尔州、佛蒙特州、马萨诸塞州、康涅狄格州和罗得岛组成。作为最小的地区，新英格兰既没有一望无际的肥沃土地，也没有温和的气候。然而，它在美国的发展中曾起过主导作用。从17世纪到19世纪很长一段时间，新英格兰一直是美国的文化和经济中心。教育是该地区基础最雄厚的遗产，这里有好几所一流的大学和学院，哈佛之外，还有耶鲁、布朗、达特默斯、韦尔斯利、史密斯、霍利奥克、威廉斯、阿默斯特和卫斯理，这是其他任何地区都无法比拟的。

新英格兰，加上东海岸的其他几块殖民地，组成了最初的13块殖民地。当然，这些殖民地各有其背景，抵达北美的英国人也不全是虔诚的信徒，海盗、流氓、失业者、罪犯，各色人等，应有尽有。即便13个殖民地加起来，相比整个广袤的美洲大陆，也依然是弹丸之地。然而，它正以惊人的速度扩张。

第二节　美国领土的迅速扩张

美国建国之初只有 13 个殖民地，它只是东部大西洋沿岸一个可怜的细长条，可他们不断向西部去，向西部去，国土面积迅速增加。

西部新开发的土地用来做什么呢？是种棉花还是建工厂？南北双方为此发生矛盾，最终翻脸，引发南北战争。

有些地方是从印第安人那里抢来的（换个角度思考，美国的扩张史就是印第安人的灾难史）；有些地方是从西班牙人手里抢来的，如佛罗里达。同时，作为一个天生的商业民族，美国对于买地这门生意十分在行，路易斯安那和阿拉斯加就是买来的。

路易斯安那这笔生意超级划算，只花了 1 500 万美元，平均一英亩 4 美分（大约相当于一亩地 5 分钱）。这块地本来属于法国，1796 年割让给了西班牙，1800 年，拿破仑通过与西班牙国王的一项秘密协定重新控制了这块被称作路易斯安那的法国殖民地。

没有不透风的墙，消息走漏，美国知道这一消息后着急了。

如历史学家房龙所言,路易斯安那有一个城市叫新奥尔良,一旦具有重要战略位置的新奥尔良被强大的法国占领,一个手指就能堵住密西西比河大漏斗,扼制住从西部内陆地区滚滚而来的农产品洪流。当时,没有飞机、汽车,水运是最经济实惠的货运方式,没有了密西西比河的水运通道,美国相当于被掐住了咽喉。为此,天才的美国驻法大使利文斯顿展开游说活动,他拜访法国外长塔列朗,小心地问:"新奥尔良卖多少钱?"

回答出乎意料。塔列朗反问:"我把整个路易斯安那卖给你,你出多少钱?"

这个交易太大了,精明的利文斯顿本着外事无小事的原则,赶紧给领导汇报。时任美国总统杰斐逊拍板,派遣门罗赶到巴黎谈判。起初,法国报价一亿法郎,美国讨价还价,经过多轮艰苦谈判,最终以 6 000 万法郎(约合 1 500 万美元)成交。六折拿下路易斯安那,美国捡了个大便宜。

这里的路易斯安那不是现在的路易斯安那州,而是法国人占领的密西西比河流域整体区域,包括阿肯色州、密苏里州、艾奥瓦州、明尼苏达州密西西比河以西、南达科他州、北达科他州、内布拉斯加州、新墨西哥州、得克萨斯州北部、俄克拉何马州、堪萨斯州、蒙大拿州及怀俄明州部分地区、科罗拉多州洛矶山脉以东、路易斯安那州密西西比河两岸(包括新奥尔良市)以及加拿大曼尼托巴、萨斯喀彻温、阿尔伯塔各省南部之密苏里河流域地区。

有人说，拿破仑怎么这么不会算账？其实不然，精明如拿破仑，当时正遭遇英国舰队的封锁，无力保护北美的殖民地，他觉得与其被英国抢走，不如卖给美国划算。6 000 万法郎的巨资对于弱小的美国而言是个天文数字，无奈之下美国只好到伦敦的金融市场融资。即便英法当时处于对立状态，英国的金融家们还是根据规则提供了融资。伦敦金融城的信誉，就是这么一点一滴建立起来的。

一笔交易，领土扩大了一倍，美国赚翻了。

除了路易斯安那，阿拉斯加是另一笔划算的交易，对象国是克里米亚战争失败后的俄国。不过，现在看虽然划算，当时却是争议颇大的。

19 世纪初，世世代代居住在阿拉斯加南部的特林基特印第安人部落同入侵的俄国人接连进行了两次战争，最终被火力强大的俄国人征服，阿拉斯加成为俄国人的地盘。1856 年克里米亚战争后，俄国元气大伤，沙皇亚历山大二世决心卖掉这块不挣钱的土地，便把买主锁定在美国人身上。

当时，俄国担心美国对购买阿拉斯加不感兴趣，于是花了10 万美元收买美国一些记者和政客，试图通过他们来游说美国政府。送大礼还怕别人不要，穷困潦倒的俄国当时真够可怜的。

1867 年 3 月，俄国派官员到美国洽谈出售阿拉斯加问题。当时的美国国务卿威廉·西沃德是个狂热的扩张主义者，他在同俄国谈判时，开始出价 500 万美元，后以 720 万美元的价格同俄国在一夜之间达成购买协议。当时的美国，多数人对阿拉斯加一无所知。购买协议签订后，美国国内骂声不断，说阿拉斯加是"西沃德的冰箱"，批评这是"一笔糟糕的交易"，"一个异乎寻常的错误"，吓得这位国务卿先生躲在家里好多天不敢出门。

最终，西沃德还是坚持不懈地争取到了国会的支持。1867 年 4 月和 7 月，参众两院分别以多数票通过了这项协议。现在看来，后悔的应该是俄国人。据估计，阿拉斯加地下埋藏着 5.7 万亿立方米的天然气和 300 亿桶原油。到 2022 年，其价值已经超过 2 万亿美元。随着国际油价攀升，能源和资源日益昂贵，阿拉斯加的价值将更加凸显。

你情我愿，公平交易，我们称为"文买"，美国人就这样拓展了疆土。可在其他地方的扩展就不是这么文明了，也是交易，也是买卖，但卖的人是在打仗失败后不得不卖，我们称为"武买"。当然，"武买"的实质是抢劫，或者是侵略扩张。

"武买"的对象是倒霉的墨西哥，而事情的起因和奴隶制息息相关。

我们中的许多人都仰望美国,却对它的南部邻居墨西哥所知不多,还有些瞧不起。其实,就在美国南北双方因为奴隶制的存废而争执时,墨西哥人的新宪法就从根本上废除了这一制度,但墨西哥人自己也没想到,此举竟然成了丢失大片领土的导火索。

埋导火索的地方叫得克萨斯。这个地方是布什总统的老家,他的弟弟杰布·布什在这里当过州长,美国的航天城休斯敦就在得克萨斯境内。

人口稀疏的得克萨斯属于墨西哥共和国,它大方地允许美国人来这儿开荒种地,可谓引狼入室,客人住的时间长了,赶也赶不走,于是,当发生矛盾时,墨西哥人遭遇了和印第安人一样的命运。

矛盾的焦点在于墨西哥的新宪法虽然废除了奴隶制,但移民需要奴隶,这些移民可不是守法的好公民,1836 年 3 月 2 日,他们建立政府,宣告成立一个新的共和国。

墨西哥政府当然不会坐视不管,总统圣塔安纳率大军御驾亲征,他的对手是得克萨斯将军塞缪尔·休斯顿。

几次战役下来,墨西哥的军队战斗力实在不强,连总统都被生擒活捉,在承认得克萨斯独立后逃回自己的宫殿,而休斯顿也顺理成章地当上了得克萨斯共和国第一任总统。休斯顿和休斯敦,英文都是 Houston,休斯敦这座城市就是以这位战胜墨西哥人的战斗英雄命名的。

休斯顿知道,单靠得克萨斯无法和墨西哥长期对抗,于是申请加入美国。1845 年 2 月,美国参众两院决定合并得克萨斯,一个月后,波尔克出任第 11 届总统,几周后,美国和墨西哥断交,战争箭在弦上。

此时的美国,胃口绝不是一个小小的得克萨斯,波尔克提出,花 3 000 万美元购买整个加利福尼亚和新墨西哥。墨西哥不同意,1846 年两国开打,墨西哥完败,带军队击败墨西哥的扎卡里·泰勒于 1848 年竞选总统成功。

1848 年 2 月,墨西哥和美国签订了《瓜达卢佩—伊达尔戈和平条约》,得克萨斯归入美国,美国以 1 500 万美元从墨西哥手中得到了大片土地,即今天的亚利桑那州、加利福尼亚州、内华达州、新墨西哥州、犹他州、怀俄明州以及科罗拉多州的一部分。

面对失去的土地,墨西哥人明白了一句话:自然不许留下真空。如果一个弱小的种族拥有一个广阔富饶的国家,而一个强大的邻国急不可待地要夺取更多的地盘,那么强大的种族必然会侵略弱小的种族,夺走富饶的土地。用大家熟悉的一句话说就是,墨西哥的悲剧在于离美国太近,离天堂太远。

　　光从数字上说墨西哥丢失的领土面积有多大似乎不够直观，如果说这块土地相当于中国的东北三省加上内蒙古自治区，就会一目了然。

　　这段历史有两点相当能突出美国人的特质。

　　第一，休斯顿将军保卫墨西哥的时候喊出的口号是"不自由，毋宁死"，跑到别人的土地上喊此口号，听起来极为可笑。我们知道，喊这句话的是帕特里克·亨利，时间是美国独立战争前。亨利说："难道生命如此珍贵，难道和平如此甜蜜，以至于非要用镣铐和奴役去换取它们？我不知道别人何去何从，我的抉择是：不自由，毋宁死。我镣铐的锁链声早已响彻平原。战争不可阻挡——让它来吧。我愿重复此句，让它来吧！"

　　休斯顿和亨利的区别在于，前者是客人面对主人的狡辩，后者是人民为了独立发出的正义之声。

　　第二，美国先是摆出谈判购买土地的姿态（类似今天的强买强卖），不成就选择开打，似乎也有了名正言顺的借口。

　　19世纪末，美国还通过战争等方式获得了太平洋上的一些岛屿，如夏威夷。这样，在100多年中，美国只用了5 000多万美元，就夺取了相当于独立初期三倍多的领土。

第三节　美国的基本地理概念

好莱坞大片里,西部牛仔们狂野、勇猛,一路快马扬鞭,把恶人打得落花流水。西部民风朴实,属于大口喝酒、大口吃肉的侠义之士,有一说一,不像东部那些虚伪的金融家一样唯利是图。然而,在东部人看来,西部人简直就是土包子。尤其在东部的知识分子眼里,西部人冲动,目光短浅,做事没有计划,是一群不能安稳度日的人,也不可能获得什么社会地位。19 世纪初,不少东部人一听到"西部人"这个词,就会展开恐怖的联想。

如果说东部的代表是华尔街衣冠楚楚的金融白领,那么西部就是穿着牛仔裤不拘小节的潇洒青年。报纸上对国外事件的关注情况就是一例。在东部,人们面对的是大西洋,那里的报纸往往最关心欧洲、中东、非洲和西亚发生的事情;在西海岸,新闻编辑更多关注的是东亚和澳大利亚的新闻。

西部代表了一种拓荒精神。直到现在,西海岸的硅谷,仍是美国科技的中心和各种发明创造的源泉。西部还有点唯才是举的意思,你有本事,公司给你机会;而在东部,大公司更注重人脉,甚至年轻人的父母是谁也非常关键。

去西部发展,向未知领域迈进的边疆精神是美国精神的核心元素,如果美国人丢掉这种精神,那美国就不再是美国了。历史学家弗雷德里克·杰克逊·特纳在 19 世纪末的著述中称,在整个美国历史的大部分时间里,闲置土地的易于获得,塑造了美国人的态度和习俗。他写道:"这种向西的扩展,以及随之而来的新机会,与质朴的原始社会的不断接触,培植了主导美国性格的力量。"

说了半天,东部和西部的分界线到底在哪里?对不起,没有具体的一条线。东西部是文化概念,而不是地理概念,但在地理位置上可以大概做个区分。

从狭义的角度说,东部本指新英格兰和美国最初的 13 个州。但随着美国领土的拓展和交通的发展,东西的界限日益模糊,绘图员迟迟不能在地图上画一条清晰的东西分割线。

在东西部文化概念之间,还有一个概念称为中西部。

中西部面积辽阔,由从俄亥俄州绵延至内布拉斯加州的西部各州组成,包括密歇根州、印第安纳州、威斯康星州、伊利诺伊州、明尼苏达州、艾奥瓦州、密苏里州部分地区、北达科他州、南达科他州、堪萨斯州和科罗拉多州东部。

该地区的中心是伊利诺伊州的芝加哥,它是美国的第三大城市。这个位于北美洲五大湖的主要港口,将铁路线和空中运输线同全国和世界广大地区连接了起来。在它的市中心矗立着一座西尔斯塔,塔高 447 米,很长一段时间一直是世界的最高建筑。

中西部是一个文化交叉点。自 19 世纪初开始,东部人就去那里寻找更好的耕地。不久,欧洲人越过东海岸直接移民到内地:德国移民到了密苏里东部,瑞典和挪威移民到了威斯康星和明尼苏达。该地区土壤肥沃,农民种植谷物,如小麦、燕麦和玉米,能获得丰收。因此,该地区很快便被称为美国的"面包篮"。

中西部人以胸襟开阔、友好直率而受到赞扬。他们的办事策略往往是给人以告诫,但告诫中有时难免也会有抗议。或许是由于他们所处地理位置的关系,许多中西部人一直倡导孤立主义,认为美国不应分散精力去干涉他国问题。

有资料显示:美国历史上的"西部"最初是指从阿巴拉契亚山到密西西比河之间的地带,习惯上称为"旧西部";后来,随着美国领土向西扩张,又把密西西比河到落基山脉之间的地带称为"新西部";把落基山脉到太平洋沿岸之间的地带称为"西部"。

那些复杂的地名对于我们来说没有太大意义,如果简化一下,可以沿着密西西比河画一条线,河以东是东部,河以西是西部。

这里之所以按照密西西比河划分，有这么几个原因：第一，密西西比河是世界第三长河，长达6 262公里，滋润着美国大陆41%的土地，相当于中国的长江，号称"众河之父"；第二，NBA联盟划分东部赛区和西部赛区，就是以密西西比河划分的，美国编剧协会也以这条河为界，分为东西两部分；第三，美国航空公司的价格高低和这条河有关系，你可能飞了500公里，但是因为你没有跨越密西西比河，价格就相对便宜；也许你仅仅飞了200公里，但是因为你跨越了这条河，也许更贵。

除了东西，还有南北的概念。美国建国之初，北方是自由州，南方是蓄奴州。新购买或抢劫的国土，也是一分为二，南北各拿一半。但后来双方都不满足，都想占据更多的资源，由此引发了南北战争。

从地理概念而言，南部是从弗吉尼亚州向南到佛罗里达州，向西至得克萨斯州中部。本地区还包括西弗吉尼亚、肯塔基州、田纳西州、北卡罗来纳州、南卡罗来纳州、佐治亚州、亚拉巴马州、密西西比州、阿肯色州、路易斯安那州，以及密苏里州和俄克拉何马州的部分地区。

这里曾是奴隶制的温床，是臭名昭著的三K党活动基地，也是白人种族主义分子的大本营，但是随着南方人（无论白人还是黑人）摆脱奴隶制和种族划分的影响，这个地区又在"新南方"

的旗帜下,表现出了新的自豪感。如今,南方发展成为以制造业为主的地区,在亚特兰大和阿肯色州的小石城等城市,高楼林立,衬托天际。由于气候温和,南方现已成为来自美国其他地区和加拿大退休人员旅游、疗养的胜地。

第四节　美国名字的由来与中美文化差异

美国为什么叫美国？这个问题,看似简单,实则背后有深意,它涉及语言学、文化学,也涉及国际关系实力的对比。

美国的国名是"the United States of America",中文通常译为"美利坚合众国",简称美国。其实,这个译名是在20世纪初才确定下来的。在此之前,由于中美两国在语言和文化方面的重大差异,以及译员自身的原因,在翻译美国国名时,竟然出现了十多种译法。

1784年,美国独立不久,中国还处在乾隆的统治下。一些美国商人漂洋过海,把商船开到了广州。广州人还不知道有这么个国家,但对这个新国家的国旗和人参留下了初步印象,他们把星条旗称为"花旗",把美国称为"花旗国",把美国的人参称为

"花旗参"。

美国人的水平可没这么高,他们的国名最初通过译员传达给中国官方时,留下的记录是"咪唎坚国"。这显然只是对"America"的音译,而完全忽略了"United States"的部分。

19世纪初,西方传教士陆续来中国传教,他们同样称美国为"花旗国"。荷兰传道会的郭士立(Charles Gutzlaff)在其主办的《东西洋每月统纪传》(1833—1838)中,将美国称为"亚美利加兼合国",这是我们见到的最早对"the United States of America"的全译。

道光时期,林则徐睁眼看世界,组织翻译有关西方国家的资料,以增进国人对外部世界的了解。在这些译作中,有一部《四洲志》,书中将美国称为"弥利坚国,即育奈士迭国",这显然是对"America"和"United States"的音译。

鸦片战争后,美国人跟进,中美签订《望厦条约》,"亚美理驾合众国"成为清朝官方文件中对美国的正式称呼。

当然,这是美方的译法,中国人有自己的观点。

1844年,梁廷枏在裨治文《亚美利格合省国志略》的基础上著成《合省国说》,书中虽然将美国称为"合省国",但认为沿用广东人的习称"米利坚国"更为合适。

1848年,徐继畬在《瀛寰志略》中将美国国名译为"米利坚合众国"。徐先生乃晚清名臣、学者,《纽约时报》称其为"东方伽利略"。

清末民初,革命潮流风起云涌,不少介绍美国革命的作品出现,其中包括译书汇编社的《美国独立史》(1902)和作新社的《美国独立战史》(1904)等。当时的革命口号之一就是"要学那,美利坚,离英独立"。随着这些政治宣传的深入人心,国人对美国的称呼日趋简洁,"美国""美利坚合众国"逐渐成为美国国名的固定译法。

1913 年,中美重新建交,在外交文件中,民国政府没有沿用清朝的"亚美理驾合众国"一词,而代之以"美利坚合众国"的新译法。1949 年新中国成立后,沿用了民国时期关于美国国名的译法。这样,在新政府的规范下,"美利坚合众国"一词最终成为"the United States of America"十余种中文译名中的权威用语,沿用至今。

以上,是美国名字的由来在翻译层面上的考证。实际上,这里面还有重要的文化心理因素。

那个年代,中国积贫积弱,仰视西方,而西方也有诸多通晓汉语者,知道中国称周边国家为蛮夷,而列强对自己的名字很在意,因此拒绝这样的称呼。君不见,当时的强国都有美好的译名,如英国(英吉利王国)、美国(美利坚合众国)、法国(法兰西共和国）、德国（德意志共和国）。

其他几个不那么强的国家，就不行了：意大利，尚可；西班牙、葡萄牙就没那么幸运了，还有土耳其，也不是什么好翻译。更好玩的是，1949 年之前，莫桑比克的中文译名是"莫三鼻给"，对方提出抗议后，在中方领导的亲切关怀下，才改成了莫桑比克。

我们要了解美国，也要了解美国人和中国人。那么，美国人和中国人的根本区别是什么？

说起根本区别，就要抛开制度、经济、政治和意识形态，抛开好莱坞电影，抛开那些表面的浮华去看本质。

中国人和美国人的根本区别，在于思维方式的不同。

中国人的思维方式是从整体到个体。中国人写信，地址是从大到小，省、市、乡村、街道，直到门牌号。美国人的思维方式是从个体到整体。美国人写信，地址是从小到大，门牌号开始，然后是街道、市、州、国家。

这种差异，在新闻媒体、影视文化方面都有所体现。

美国人写新闻报道，喜欢从一个细节入手，然后徐徐展开；而中国人写报道，更喜欢宏大叙事，一开始就交代大背景。这一点在电影里体现得更为明显：传统的好莱坞电影，经常是舒缓的细节，温馨的家庭环境，故事一点点展开；而传统的中国电影，开头就是历史背景,公元某某年,世事纷乱,英雄辈出,然后细化故事。

这种差异,在研究方面也有所体现。

中国喜欢战略,很多学者研究美国或其他国家,动辄就讲战略,把世界大势分析透彻后,提出各种基于理论的推演,但具体到细节,往往就不够扎实了;而美国的研究,重视细节,重视数据,可以把一个细微的事件,用数据和细节支撑起来。

这种差异,具体到国家大事上更有突出体现。

中国人的传统是以天下为己任,讲究心忧天下,而美国人的传统是乡镇自治文化,相比于国家和世界,他们更关注身边的事情。于是,中国的大一统王朝一个接一个,而美国一开始就是地方自治。

这种差异,也体现在个体方面。

美国更加重视个体的自由度和独立思考,中国更重视集体主义。其结果是,美国人更重视个性的发展,而中国人更重视个人服从集体。对此,有人开玩笑说,就连骂人都体现了这一差别:中国人骂人,经常问候对方直系家属;而美国人则总是劈头盖脸直奔个人。

正因为这种思维方式的不同,中国和美国发生矛盾和争吵时,中国人喜欢引用各种原因,讲解各种背景,希望对方从整体考虑利弊得失;而美国人喜欢直奔主题,这事我们吃亏了,得赶紧捞回来。

因此,思维方式的不同,才是根本的不同,却并没有好与坏的截然二分。

第二讲　美国人的多样性格

　　评论各国人的性格,是件难事,就像一万个人读哈姆雷特,肯定会读出一万种不同类型的哈姆雷特。

　　然而,说起各国人,我们总会有一些普遍认可的看法。比如说英国人绅士、法国人浪漫、德国人严谨、以色列人聪慧、日本人礼貌。而有趣之处在于,与这些正面印象对应的是刻板的负面印象,比如说英国出产足球流氓、法国人太随意、德国人太严肃、以色列人太小气、日本人太残暴,等等。在文化人类学中,这样的简单归纳和刻板成见要不得,因为它不够客观。可如果要总结,你还非要用这些简明的词汇不可,由此形成了一个无法逾越的困境。

第一节　无知且傲慢的美国人

美国人的第一个特点是无知。

说美国人"无知",不是说他们傻,而是说他们对美国之外的世界了解甚微。

2007 年 4 月,我作为国际访问者,和来自亚洲的 12 位记者一起被分到明尼苏达大学新闻传播学院交流。作为职业记者,我对那些空洞的理念兴趣不大,而认为课程表上的"电子辅助采访"也许能学到些新鲜玩意儿。课程一开始,一向懒散的记者们全都竖起耳朵,期望学习先进技术,可老师讲了三分钟后大家都坐不住了,原来他要手把手教我们如何使用 EXCEL 管理数据。失望之余,我们和校方提意见,学院的老师不好意思地说:"去年来了一些非洲记者,对如何使用 EXCEL 这堂课特有兴趣,所以也给你们安排了。"

把非洲和亚洲的电脑水平相提并论,看来美国媒体渲染"中国威胁论"、预测 21 世纪是"亚洲世纪"的报道还是太少,否则不会如此看低亚洲记者的电脑水平。

美国大学老师尚且如此，普通百姓更是可想而知。华盛顿的一位老太太向我抱怨，说欧洲不好，她前几年在欧洲游玩时迷了路，向警察问路，对方不理不睬，她气得要把那个人告上法庭。我问她这事发生在欧洲哪个国家，她竟然愣住了，过了好大一会儿才说："哪个国家我不记得，反正是在欧洲。"

老人糊涂些情有可原，可年纪轻轻的学生也是世界地理知识奇差无比。在佛罗里达州清水市一所小学参观时，刚进五年级教室，我便成了红人，一个男孩子指着我说"他像成龙"。看起来像明星的感觉不错，我连忙乐颠颠地跑过去和他聊天。男孩问："你从哪里来？"我说来自中国。他托着小脑袋歪着头想了半天，若有所悟地说："中国？得克萨斯？"天哪，他竟然把中国当成了得克萨斯的某个小镇。我连忙解释："中国是个国家，在亚洲。"他这下更懵了："亚洲在哪儿？我不知道。"

小孩子对外界不了解也就罢了，那些网站论坛上关心国家大事的"文化人"也地理知识贫乏。2006年，俄罗斯和格鲁吉亚（Georgia）矛盾不断，闹到10月份，俄罗斯对格鲁吉亚进行全面的经济封锁。消息传到美国，各大网站论坛哗然，许多人发帖表示抗议：俄罗斯怎么敢欺负美国！他们之所以发怒，是把格鲁吉亚当成了佐治亚州（Georgia），还颇有爱国心地以为俄罗斯干涉美国内政，主张出兵打击俄罗斯。

无需更多例证，美国人对世界的无知是"地球人都知道的事情"，因为在美国人眼里，美国就是世界。

比如说，美国最流行的体育运动是棒球。美国职业棒球联盟各俱乐部一年要打 300 场比赛，打到最后，当然有决赛。这决赛，美国人叫"世界大赛"。美国棒球联盟顶多有两三个加拿大队，其他国家的队伍一个都没有，怎么敢称世界大赛？可人家愣是这么叫，等比赛结束，捧得金杯的队自然成了"世界冠军"。

这种状况在篮球界也在上演。2005 年，圣安东尼奥马刺队击败底特律活塞队夺得 NBA 冠军后，有人在马刺队休息室的黑板上写下了"世界冠军"，队中最佳第六人、阿根廷球员吉诺比利看到后，半开玩笑地把"世界"两个字划掉了。原因很简单，2004 年的雅典奥运会上，阿根廷夺得世界冠军，猛将如云的美国男篮仅仅夺得铜牌。

美国人对于外国人如此无知，自己却习以为常。站在他们的角度看，这也完全符合逻辑。他们只关心身边事，许多人在某个边陲小镇度过一生，对小镇外的事毫不关心，他们只懂得做好自己的事，没有那种心忧天下的传统。

无知不是傻，美国人不是弄不明白，而是压根儿就没兴趣知道。这种心理状态源自他们与生俱来的傲慢。

如果不仔细观察，美国人的傲慢不易觉察，相反，初次接触美国人,你会被他们的热情所感染。他们和你握手时,会两眼看着你,笑成一朵花。你要是和来中国的美国游客攀谈,问起对中国的看法,他绝不会口无遮拦地批评一通,而是用美国人特有的夸张表情告诉你:"太棒了!"在美国的宾馆乘坐电梯时,即使陌生人也会笑着和你打招呼,可谓宾至如归。

热情和傲慢,看似矛盾,实则不然。热情是表象,傲慢是骨子里的。我曾和我的朋友、以色列驻华外交官艾思卡聊起美国人。"美国人喜欢和你聊天,喜欢问你做什么工作,不过,你可千万别当真,他们只是问问,你回答什么,他根本不关心。"

美国是典型的个人主义国家,人们都为了美国梦而奔忙。职业人在职场上拼杀,犹如马拉松比赛,为了达到目标而努力,事不关己则高高挂起。他们无心窥探别人,也没精力窥探别人。美国人初次见面就会像朋友一样和你夸夸其谈,三天后便忘记你是谁。

喜欢高高在上,认为我是对的,不肯换位思考,不肯平等对话,缺乏必要的耐心,这就是美国式傲慢的特点。

傲慢不等于骄傲,傲慢有时也表现为对他人的不尊重,对不同文化和文明的不尊重。

2007年9月,哥伦比亚大学校长李·博林格不顾多方反对,邀请伊朗总统内贾德到学校演讲,但他在欢迎辞中对内贾德毫不留情,展示了美国人的傲慢。

在七百多名听众面前,博林格称内贾德是独裁者,说他否认纳粹大屠杀要么出于挑衅,要么缺乏教育,因为大屠杀是人类历史上记述最多的事件。"总统先生,你展现了一个狭隘、残酷的独裁者所拥有的一切特征。"博林格说。此时,台下掌声一片。

博林格这么做,或许是迫于政治压力,或许是打心底里认为内贾德是独裁者,或许只是为了澄清自己不喜欢内贾德。但是无论如何,对远道而来的客人当头一棒,不符合东方社会传统意义上的待客之道。

如果他称萨达姆独裁,或许还可以理解,可人家内贾德是经过真刀真枪的大选击败前总统拉夫桑贾尼当上总统的。他言辞激烈是真,他反对美国也不假,但因为他反对美国就硬生生给扣上一顶独裁者的帽子,这也只有美国人才干得出来。

美国人的傲慢有政治、经济、文化上的多重原因。作为一个年轻的国度,美国建国 200 多年来顺风顺水,从当初东海岸的 13 个殖民地,发展到西到太平洋、东抵大西洋的大国,又经过两次世界大战成为超级强国。

美国人知道,他们的国家是强大的国家,他们过着世界上最富足的生活,他们认为美国的制度和文化是世界上最好的,其他国家都应该效仿。这种强者心态在爱国主义的教育氛围下愈加强化,一方面造成了美国人俯瞰世界的心理状态,另一方面却是让普通美国人对外界毫不关心。

简而言之,这种心态就是"老子天下第一"。有幅漫画入木三分地刻画出美国人的傲慢:"山姆大叔"号巨轮停靠港口,高高飘扬的星条旗上写着"老子天下第一(Second to None)"。有意思的是,漫画中,巨轮旁边停着的一艘小舢板上挂着一面破旗子,上书"老子(None)"。

第二节 从实用主义到势利眼

美国人讲究实际,学名称为实用主义。

中美文化不同,有些词直接翻译过去后往往内涵发生了变化。比如"实际"这个词,我们常说某某人太实际了,意思是说太斤斤计较,眼光不够长远,甚至有小肚鸡肠的含义,可翻译成英语后,无论是"realistic""practical"还是"down-to-earth",都成了中性词。

美国人不像法国人那样喜欢浪漫,也不像英国人那样讲派头,他们认为死要面子意味着一事无成,耽于幻想意味着一无所有。

"这样做能挣钱吗?""会有效果和回报吗?""我能从中得到什么?",这些都是美国人在决策之前最常问的问题,而不是诸如"这样做体面吗?"之类。

这种务实倾向足以解释美国人对不同职业所持的不同看法:管理学和经济学在美国比哲学和人类学吃香;同样,法律和医科也胜过艺术。这足以解释他们为什么对遥远的外国漠不关心。波兰在哪里和我有什么关系?既然没关系,不能给我带来好处,我为什么要关心它?如果剖析他们的文化心理,可能多数人都是这么想的。

美国人讲究实际,也意味着没有那么多繁文缛节,喜欢胡同里赶驴——直来直去,客套对他们来说非常不适应。跟美国人讲话,你必须有一说一,有二说二,不要谦虚。否则反而会被认为是虚伪,甚至发生误解。和美国人初次见面做自我介绍,有多大能耐你就尽管忽悠,谦虚反会被认为你确实无能。跟他们谈业务,不必先客套一番,打过招呼即可谈正事。早餐、午餐时,也可以谈工作。到美国人家中做客,爱吃什么、饱没饱,直说,别客气,否则如果明明没吃饱而说够了,主人不会像中国人那样硬给你添菜。回去后,要随即写封短信,以表谢意。我应美国国务院邀请去美国访问时,国务院的官员带我们到美国人家里做客,反复叮嘱说,最好带点小礼物,回来后记得写封信表示感谢。

讲究实用,在生活中的各个方面都有所体现。比如说教育,美国孩子从小就动手操作,无论搞得多么乌七八糟,老师也说"真棒""干得不错",予以鼓励。我的一位朋友在美国工作,孩子上美术课,老师根本不教什么技法,随你画,你在天空画上10个太阳他也说很好,到15岁以后,才有老师教一些简单的线条、色彩和透视原理。

是的,美国人很实际,他们不觉得这有什么不好。

当年"五月花"号载着一百多名英国清教徒远涉重洋抵达北美,迎接他们的不是鲜花和掌声,而是恶劣的自然环境和饥饿的威胁,潇洒、气度、仪表、派头,什么都可以扔下,生存才是头等大事。从那一刻起,讲究实际就注定是美国人性格中重要的内容。

移民中的智者也号召大家讲究实际,用稍微学术一点的话说,就是鼓励实用主义加功利主义。富兰克林为此撰写了唯一的书——《自传》,来警醒大家,开篇第一句话就是,这本书可能对他的儿子有用。他甚至相信,信仰上帝也是有用的,因为上帝能够褒奖善行而惩罚恶行。

有用就是硬道理。美国人在作出重大决定时,往往首先会考虑这样做是否行之有效。他们不是很哲学化(Philosophically Oriented)或理论化(Theoretically Oriented),并为此感到自豪,如果你硬要说美国人也会尊崇一派学说，那只可能是实用主义（Pragmatism）。

注重实际的结果是，美国几百年来出了无数的发明家、实干家，本土却很难出理论大师，即使有，也没人关心他是谁。比如说 18 世纪的哲学家乔纳森·爱德华兹在美国就属"无名之辈"，在他的笔记《论存在》中，爱德华兹吸收了巴门尼德的存在的必然性论点，认为绝对没有这样一个时间，在这个时间内，绝对存在（Being）不存在。总之，他认为绝对存在是永恒的。

与之相反，法国存在主义大师让·保罗·萨特在法国无人不知。我在巴黎访问时，法国外交部的陪同人员指着路边咖啡厅说，这是当年萨特经常来的地方，你一定要进去坐坐；而美国国务院的翻译带我在华盛顿游玩时，指着五角大楼说，你知道吧，这是世界上最大的办公楼群，可以容纳两万多人，自豪之情溢于言表。

看看，同样是哲学家，遭遇竟如此迥异。法国人崇拜大师，尽管他们从来不看或者说看不懂大师的著作，充其量只听说过几句大师的名言。而美国人呢，他们采取不在乎的态度，更注重实际。管他什么大师，有用才好！他们宁愿去看那些如何投资、如何管理企业的书籍，因为有用。

当然，重实际、轻理论没什么错，相反，正是这样的精神促进了各项发明的诞生。可怜的富尔顿拿着蒸汽船的模型找法国皇帝拿破仑，换来的是无情的嘲笑。于是他拿回美国后试着投入运行，改写了人类海上运输的历史。富兰克林发现了电，爱迪生发明了留声机，这些都是一遍一遍实践的结果。实践、实验、实际、实用，这几个不同的词其实有着相同的内涵。

发明家重视实践，而普通老百姓也喜欢自己动手。多数美国人都懂得怎样使用机器、修理电气设备、油漆家具和粉刷墙壁，他们认为，干这些粗活理所当然，绝对无损体面。相反，那些书呆子、假绅士，才会被人取笑。据说，美国人有个判断男人的标准：不会给汽车换机油的男人不是真正的男人。而在中国，自己亲手换机油的少之又少，成功人士的标志之一就是无需自己干这些活。当然，有一个重要原因是美国人工成本高，自己动手更省钱，为了省钱自己干，不也是追求实际、不追求面子的表现吗？

做人方面直爽、直白、直截了当，做事方面快速、高效、说干就干，这就是讲究实际带来的正面效应。

脚踏实地的另一个副产品是快乐。他们没有太多的历史负累，没有太多对未来的担忧，也没有太多不切实际的幻想，因此可以快乐地生活。美国人喜欢说"Catch Today"，相比过去和未来，今天才是最重要的，才是最有实际意义的。

讲求实际的最直接体现是对数字的迷恋和极度重视。你如果参加一个美国公司总裁的演讲,他口中肯定是一大串让你头晕眼花的数据。公司年产值多少,每年增长多少,在多少个地区设有办事处等等。总之,一切都是数字。

美国的经济学家个个都是数学高手,总是喜欢用数学模型来讲解经济问题。不仅如此,崇尚数字之风还从自然科学延伸到社会科学。美国的社会学研究都是靠统计数据来说明问题;与之相比,欧洲国家的社会学更注重理论研究和逻辑分析。

即使评价一本书,也是以数字来定乾坤。美国人眼中的好书标准,就是卖出了多少本,就是这么简单明了。

当然,凡事各有利弊。美国人的优点是讲究实际,而美国人的缺点是太讲究实际,其直接后果是过于功利,或者说势利眼。

在美国早期,势利眼的体现主要是瞧不起乡下人,或者蔑视社会地位不如自己的人。美国第二任总统约翰·亚当斯称财政部部长汉密尔顿为"苏格兰小班的臭屁崽子",安德鲁·杰克逊总统被当时的政治对手称为"田纳西的野蛮人"。

如今,人们常说:在欧洲,大家想知道你是谁;在美国,大家想知道你是干什么的。一个明显的区别是,欧洲人觉得你的族谱和家庭背景是重要的,而美国人觉得你的职业决定了你是什么样的人。在美国，你的职业决定了你的社会地位，这是常常带着势利眼光的。

说这话的人不是我，而是美国西北大学教授艾本斯坦，他在《势利：美国版本》一书中尖酸刻薄地批评了美国在职业、学历、政治、民主方面的势利眼。

美国人势利眼，听了这话许多人不肯相信。作为客人到美国，你的第一印象肯定是美国人真友好，真热情，初次见面就会亲切地和你聊天，向陌生人问路也不会给你乱指路。我好几次到美国人家里做客，也都受到超级大餐级的热情款待。可仔细想想，你在美国接触过的人还有多少保持联系或哪怕一丝的温情？恐怕屈指可数。

对美国人来说，时间宝贵，他不会浪费精力和一个无关的人交往。美国人的社交圈子讲究身份，讲究有用没用。人人生而平等，那是教科书上写的。当然，势利并非是表面上的侮辱和鄙视，只有缺少教养的人才会那么做。势利是打内心深处发出的，是刻在骨子里的。

第三节　一个工作狂的国度

疯狂工作,是美国人的典型特征。

美国的大都市里,每个人都匆匆走过,伦敦、巴黎的悠闲和恬淡在纽约很少看到。在法国南部度假胜地尼斯游玩时,我碰巧和一位美国女孩"同居一室"。当时,我们住20欧元一晚、不分男女的青年旅舍,晚上大家开"卧谈会",她说自己当中学老师,每天工作10小时,周末还要另外打一份工。一番话说出,让在场的欧洲室友大为不解。在欧洲,每周工作5天、每天8小时都有人抱怨连连。

在美国,一个白领一周至少要工作60个小时,而且周末还经常加班。而欧洲就完全不同。有一年秋天我在雅典访问,下午3点出去买机票,愕然发现大多数店铺还没开门,大门显要位置写着"本店5点开门"。

美欧工作精神的差异在各国驻华机构中也表现得淋漓尽致。

美国驻华使馆安排一些活动,常常是早上8点或者7点半,通知媒体说某位大员要在国贸大饭店的工作早餐上发表演讲，欢迎大家去聆听。当然，演讲人和商界名流们有大餐，而记者们只能饿着肚子听。在欧洲国家的驻华机构，此类事情基本上不会发生。意大利某驻华机构的中方助理对我说，你要找我们老板，一定要试着上午10点后打电话，10点前他一定不上班，10点后不一定上班，能否找到，要看你的运气了。

的确，和欧洲相比，美国人的工作异常紧张。有统计表明，美国人平均每年工作时间超过2 000个小时，比欧洲人均工作时间最长的英国多235小时，比法国人多310小时，也就是将近39个工作日。

换个算法也许更容易理解，美国人平均每年休假13天，而意大利是42天，法国是37天，即便一向被视为工作狂的日本人每年也有25天的假期。世界旅游组织的统计数据表明，在发达国家中，美国人的带薪假期是最少的。

即便这样，欧洲人还觉得不满足，冰岛还在探索一周四天工作制。

我个人在海外工作、旅行过程中，也切实感受到美国和欧洲的不同。去法国、英国，一天最多安排两个项目，可以悠闲地享受午餐的乐趣。而在美国，中午坐下来吃顿饭绝对是奢侈，常常是一天三个以上的项目，中午，对不起，麦当劳或肯德基凑合一顿。陪同人员一下车就说,30 分钟吃饭,要快。难怪麦当劳这类快餐的发源地在美国,而不是欧洲。

美国人为什么如此疯狂?

有人从宗教角度来解释美国人的勤奋。移民到新大陆的清教徒都必须立下誓约,要过一种勤劳节俭、清心寡欲的生活。按照新教教义,所有人都是生下来就带着原罪的,人来到这个世界的唯一目的是通过辛勤劳动来还债,然后死了可以上天堂。

为了赎罪,大多数人都拼命工作,一个社会的大多数人如果都选择少吃多做不浪费,财富会呈几何倍数增长,资本的原始积累可以迅速完成。社会学家马克斯·韦伯正是读出了这一点,才写出不朽的著作《新教伦理与资本主义精神》。

现代学者们则从另外的角度进行解读,如约翰·霍普金斯大学的心理学家加特纳(John D. Gartner)的著作《轻症躁狂的优势》。加特纳发现,许多对美国人性格的描绘,如精力充沛、动力十足、近乎愚蠢的乐观主义、宗教狂热、傲慢自大、救世主情怀等,都和"轻症躁狂"的症状吻合。其中最基本的特点,就是极度亢奋的情绪。这种情绪发作起来至少可以延续一个星期,患者在此期间觉得自己就是宇宙的主人,并忘我地投入到工作或寻欢作乐之中。这实际上类似于一种癫狂性抑郁症的初期症状。

宗教精神和心理因素都有些道理,但更直接的原因是社会评价体系的压力和美国法律的缺失。

前面讲过,美国人讲究实际,有些势利眼,他们和人打交道也不会关心你的祖上有何丰功伟绩,而是关心你个人是做什么的。

在美国,谈起某人时最具侮辱性的一句话就是"你是个失败者(Loser)"。有一份好工作,取得成功,成了社会核心评价体系之一。

美国人极为看重成功。成功不一定是物质上的回报,而是得到某种认可,最好是可以衡量的那种。如果一个男孩后来没有从商,而是做了布道的教士,那也没什么。他的教堂规模越大,信众越多,别人就会认为他越成功。好多事情都说明,成功是美国人生活的重点。

清教徒相信工作带来的好处既有工作本身的乐趣,还因为工作的回报是上帝之爱的体现。一片富饶的土地到处都是机遇,等待着人们的到来。在一个不墨守成规的社会,没有严格的等级和阶级,所有人都能通过努力提升自己的社会地位。从一无所有到百万富翁的美国梦故事,激励着一代又一代的美国人白手起家。

英国人类学家杰弗里·戈罗尔用弗洛伊德的说法来解释这

一切。欧洲是被所有移民抛弃的父亲；移民为了在美国过上新生活，背离了自己的文化。同样，第二代移民拒绝接受第一代移民来的父母，因为后者无法适应美国标准。他们能减轻压力的唯一方式，就是取得更大的成功。在整个美国，有意大利人、爱尔兰人、德国人或波兰人名字的律师、医生、教授和政治家，都能证明这种成功欲望的强烈。

既然成功如此重要，理应多花些时间努力工作。

然而，在这个法律多如牛毛的国度，对白领的保护却不像欧洲那样严格。

在许多欧洲国家，如德国，雇佣一个人非常慎重，因为你要裁掉他是一件非常困难的事情。如果他已经在公司工作了十年以上，裁掉他几乎是不可能完成的任务。而在美国，波音、微软都可以轻松完成裁员。每当全球经济不景气的时候，我们经常会看到波音、通用电气裁员数千人的消息。一到这时候，每个人都诚惶诚恐，生怕成为刀下之鬼。失去工作，孩子怎么办？房贷怎么办？

更重要的是，失去工作也就失去了别人的尊重。没有工作，就会失去一切；而不拼命工作，就有失去工作的可能，这是现实的无奈。既然失败如此可怕，更应该多花些时间努力工作。

另外，还有个具体的原因。美国联邦政府没有法律规定公司必须给员工付加班费。探险者(Expedia)网站的统计表明,美国人平均每年 13 天的休假中,有 1.8 天在工作而没有得到补贴,相当于给公司节省了 200 亿美元。

疯狂工作后,疯狂游玩,疯狂消费,也是美国人的典型特征。

美国人很会玩,但他们把玩也当成了工作。要是去滑雪,他们就在雪地上猛冲,那样连马都会累死。如果去度假,他们就每天开车五六百公里,以每小时 60 英里的速度观光,沿途只停下来拍些快照。知道自己要看的东西是怎么一回事后,就打道回府,回家看照片。

第四节　美国人自私的两面性

美国人还有一个特点:自私。

美国式自私,其实就是个人优先的原则。美国人从小就有强烈的自我意识,我喜欢什么,我要学什么,父母都给予充分尊重;长大了,找什么工作,娶谁做老婆,都是自己说了算。

美国的可贵之处在于认可人的自私性。安·兰德在《自私的德行》一书中有句经典的话:"你或许希望别人会偶尔为了你的利益牺牲自己,你也许会不情愿地为了别人的利益而牺牲自己。不过你知道,这种关系将带来互相憎恨,而不是彼此愉悦。"安·兰德还以睿智的语言写道:"攻击自私就是攻击人的自尊,放弃自私就是放弃自尊。"

遗憾的是,美国人的自私为我们所鄙视。我们推崇讲奉献不计报酬,做好事不留姓名;我们认为美国人都钻到钱眼儿里了,毫无温情。

其实不然。举个简单的例子,如果人人都极端自私,毫无温情,美国的小费传统肯定就不存在了。在美国,给小费这事儿没什么强制措施,全凭自觉。如果某个人很自私,能省钱的地方就省钱,他可以省下不少小费。我曾经就小费问题咨询过不少美国人,他们都说大多数人给小费,不会偷奸耍滑。居住在加州的美籍华人吴瑞卿女士告诉我,那些服务生收入很低,他们就靠小费谋生。但她住宾馆时会注意这家宾馆的服务生是不是加入了工会,如果是,她就省掉每天放到枕头的一美元小费,因为有工会的地方工人收入高些,也有保障。

更能驳斥美国人自私说法的是义工。我有一次在华盛顿游玩,越战纪念碑前,几位戴着黄色帽子的老人引起了我的注意。攀谈时我得知,他们退休后到这里做义务讲解员,不拿工资,不拿补贴,还要自己搭车过来。我在佛罗里达的坦帕市观看一场百老汇歌剧时,发现检票的都是年过花甲的老人,一问才知道也是义工。在明尼苏达,我们应邀到当地居民家做客,享受了一顿丰盛的大餐。主人告诉我们,他向佛罗里达国际交流中心申请,得到批准后才能招待我们,当然,他请我们吃饭也是义务工作。

比义工花钱更多的是慈善事业,有的美国人把一辈子挣的钱捐出大半给慈善基金会,有的人用赚的钱建了大学,斯坦福大学、芝加哥大学就是这么来的。自私和无私,又成了鲜明的对照。

自私,不是只考虑自己而不管他人。美国人的家庭观念很重,动辄离婚的是纽约那些金融人士,美国中西部的模式是夫妻二人终老一生,养活一大堆孩子,每到感恩节,孩子们无论在哪里,都要回家团聚,一起吃火鸡。

自私,也不是在能帮助别人的时候视而不见。你在美国的马路上问路,绝大多数情况下会得到详细的讲解。有时候说不清楚,会有人干脆带你走上一段,然后再去忙自己的事。我去华盛顿的乔治城大学交流时,在离学校不远的小巷中下车,拿出地图寻找目标,一位中年女士径直走过来,问:"找什么地方?我能帮你吗?"我当然求之不得,对这种活雷锋精神大为感动。

相比搭便车,为人指路绝对是小事一桩。英文有个词叫"Thumb Up",意思是竖起大拇指,即搭便车。以前,在美国的路边上，你背着包，竖起大拇指，就有人载你一程。两人萍水相逢，一路谈笑，到达目的地后分手，从此不再联系。当然，搭车的人也要适当的分摊一点汽油费。你也可以说做好事的人也是出于自私——一个人跑长途多闷啊，找个人说说话也好。可惜的是，这些年随着犯罪率的升高，有些人也变得不敢随便拉人了。

美国《独立宣言》起草人、第三任总统托马斯·杰斐逊被视为美国个人主义的第一位杰出代表。杰斐逊式的个人主义，典型地表述在他执笔的《独立宣言》里，它强调的是个人的权利，包括生命权、自由权和追求幸福的权利。

当法国人托克维尔于18世纪30年代初在美国进行他那次具有历史意义的访问时，个人主义对他来说还是个新概念，是他那代人刚发明的词。他写道："个人主义是个新奇的词汇，它表达了一种新奇的观念，而我们的父辈只知道自我中心（自私自利）。"

在托克维尔看来，自私自利是"一种强烈而夸张的自爱，它使一个人把每件事都和自己联系起来，要把自己放在世上每件事之上"。而个人主义则是"一种成熟而镇静的感情"。自从托克维尔作此观察，一个半世纪过去了，个人主义在西方已经确立了自己的正面形象，成为一种普遍接受的价值原则。

我们的教科书上讲，中国是集体主义，以集体的利益优先；

美国是个人主义,把个人的利益置于集体利益之上。我认为这句话未必正确,美国人有时候集体主义精神是很强烈的。

美国的个人主义只是个性、思想、选择的自由和个人优先,而不是无视集体。任何个人主义的极端分子,都会被毫不留情地排除掉。在 NBA,每年常规赛结束都要评选 MVP(Most Valuable Player),这个选项的标准不是个人得分,而是如何利用自己的力量帮助队友,提高球队成绩。个人要帮助集体才更有价值的理念在这项评选中得到彰显。

体育运动需要团结,而不是单打独斗,这或许不奇怪,但在美国人的日常生活中,也绝不是单靠个人的力量。

美国的公司很尊重个性。比如说,谷歌的员工可以穿 T 恤、短裤上班,桌子上可以随便摆放自己喜欢的东西,下属可以对上级提出不同意见,碰见老板也可以直呼其名。但这些个人主义的背后,是个人和公司文化的契合,是一旦做出决定后百分之百的服从。美国式个人主义的突出一点是,一件事在做出决定之前可以充分争论,谁都可以提出自己的见解,可一旦决定下来,就要认真执行,而不是在征求意见时一言不发,等事情启动后却牢骚满腹,觉得别人都是傻子,自己才最正确。

美国人信奉个人主义,但人脉和组织的力量他们从来不会忽视。如果你看过《坟墓的力量》,一定知道骷髅会这个精英组织,布什就是这个组织的代表人物。他在耶鲁上学时,读书成绩一般,可结交好友无数,这为他日后进军政坛奠定了坚实的人脉基础。

美国的个人主义不是不顾国家利益,美国人在爱国的时候会表现出惊人的集体主义精神。珍珠港事件和"9·11"事件,都是引发美国人狂热爱国的事件,这些已众所周知,就不再详述了。

第三讲　总统宝座的背后

说起美国的政党,我们熟知的是驴象之争,但驴和象之间并不是那么泾渭分明,就像美国前总统特朗普当过民主党党员,后来觉得不爽,转身加入了共和党。

在美国,入党就像把大象关到冰箱里那样简单。第一步,在大选年找到某党的工作人员;第二步,要一张选民登记表;第三步,在选民登记表上勾一个政党,即表示你加入了那个政党。

加入你选择的政党后,你会收到该党邮寄的宣传材料或电话,等到该党初选时,你就可以投票了。

我曾经在芝加哥看到这么一个滑稽的场景:"你是不是已经登记为选民了?""不,我还没有。""那好,我今天就给你登记吧。你是不是还没有加入任何党派?""那你加入民主党吧。因为这次有民主党的克里参加竞选。"这位选民点头同意,开始填表。

美国是个尊重州权的国家,入党程序和资格,各州有所不同。比如说,在布什总统的老家得克萨斯,民主党规定,只要年满 18 岁,赞同本党原则,就是本党党员;而共和党来得更干脆,只要在本党初选中参加了投票,你就是本党党员了。

第一节　内斗始于华盛顿

美国总统的政党斗争史并不复杂,让我们从开国元勋华盛顿说起。

美国第一任总统华盛顿对政党没有什么好感,他在《告别演说》中对政党系统提出警告:

> 我已经提醒你们,在美国存在着党派分立的危险,并特别提到按地域差别来分立党派的危险。现在让我从更全面的角度,以最严肃的态度概略地告诫你们警惕党派思想的恶劣影响。
>
> 那些常见的党派思想的形式,往往是最令人讨厌的,并且确实是政府最危险的敌人……它往往干扰公众会议的进

行,并削弱行政管理能力。它在民众中引起无根据的猜忌和莫须有的惊恐,挑拨派别对立,有时还引起骚动和叛乱。它为外国影响和腐蚀打开方便之门。外国影响和腐蚀可以轻易地通过派系倾向的渠道深入到政府机构中来。这样,一个国家的政策和意志就会受到另一个国家政策和意志的影响。

华盛顿这样说,也是这样做的,他在任期间超然于政治之上,不属于任何政党,但实际上,他的思想倾向于以汉密尔顿为首的联邦党,他的《告别演说》草稿也多次请汉密尔顿润色、修改。

汉密尔顿是个奇才。他年少时给一家商社工作,老板不在,他就担负起管理职责,工作出色。这时候,老天开眼,一些非亲非故的好心人资助了汉密尔顿一笔钱,让他到哥伦比亚大学读书。没念多久,革命爆发,他自愿参军,并显示出一流的军事才能,被华盛顿任命为参谋部中校,以后数年,他担任过华盛顿的秘书和主要助手。

汉密尔顿是个具有世界眼光的理财高手,他有多年从事国际贸易的经验,希望把美国建设成类似当时欧洲列强那样的联邦权力集中、工商业发达的国家,然而,当时议会里的许多议员是农民,他们从小就不信任大城市里每个毛孔都有铜臭的放贷人,他们希望把美国建设成一个充分保障州权、民权,以农场、种植园为主的农业经济国家。

于是,沿海和边疆、放贷人和借贷人、城市和农村、贵族和平民之间的冲突爆发了。慢慢地形成了两派:一派聚集在汉密尔顿周围,赞同一个由出身高贵者、教育良好者和富有者管理的强大的中央政府,他们被称为"联邦党人";另一批人把托马斯·杰斐逊奉为精神导师,他们认为出身低贱者的品质更高贵,起初他们被称作"反联邦党人",后来他们自称为"共和党人"。

两党的吵架和谩骂是家常便饭,让和稀泥的华盛顿疲于应付。

联邦党写了《联邦党人文集》,宣扬联邦政府保持统一、强大的必要性;共和党针锋相对,写了《反联邦党人文集》,认为联邦党会增加税收、偏袒权贵、轻视平民,终结公民自由。于是,围绕上述问题,两党从建国之初就杠上了,由此开启美国党争的历史。

美国早期历史上的"两党制"就此形成。由于观点对立,吵架在所难免,两派使出浑身解数辱骂对方。在对手眼中,杰斐逊是危险的蛊惑家,不负责任的思想家,理智不健全、滥用感情的人。

在中央政府的权力边界上,美国陷入了激烈的政治争论,分成泾渭分明的两派:主张中央集权的联邦党,以汉密尔顿为首;主张地方自治的民主共和党,以杰斐逊为首。

如日中天的汉密尔顿并没有带领联邦党一路高歌,而是在一场决斗中死去。

事情的起因看来似乎不是一件大事。1804 年 6 月 18 日,副总统艾伦·伯尔要求汉密尔顿对一封信件的内容做出解释。信的作者是库派博士,上面有这样一句:"我还可以告诉你有关汉密尔顿将军对伯尔先生鄙视的看法细节。"汉密尔顿拒绝道歉,于是双方决斗。按照决斗规则,汉密尔顿先开枪。奇怪的是,他发出的子弹离伯尔甚远。而伯尔毫不手软,一枪命中汉密尔顿的右胸。在整理汉密尔顿的遗作时,人们发现了他决斗前一天晚上的日记。汉密尔顿写道,自己是基督徒,明天不会开枪。

我在华盛顿特区访问时,经过美国财政部大楼,看到了汉密尔顿的雕塑。这位第一任财政部部长、联邦党领袖虽然逝去,但他的政治理想仍为后人所实践,包括"工业建国之路"和建立一个强有力的中央政府,美国工业化时期西奥多·罗斯福所施行的政策就是建立在汉密尔顿的遗产基础之上。

不过,华盛顿坊间对于汉密尔顿的死因另有说法。有人说,风流倜傥的汉密尔顿和伯尔的妻子有染，伯尔怒极，两人这才决斗，汉密尔顿心中有愧，所以开枪时放过了对方。

是真是假，无从研判，当是历史的花边为宜。

另外一位为美国建国立下卓越功勋的是托马斯·杰斐逊。

如果说华盛顿靠自己的人格魅力征服了美国，那么杰斐逊靠的就是思想的力量。

1796 年，华盛顿退休，争端开始。

在总统选举中，联邦党人亚当斯击败了民主共和党领导人杰斐逊。根据当时的选举制度，杰斐逊同意担任亚当斯的副手，当了副总统。1800 年，杰斐逊卷土重来，问鼎白宫。那一年的选举异常激烈，联邦党人为了击败杰斐逊，四处散布谣言，说他如果当总统，所有的《圣经》都会被烧掉，公民的财产权会遭到破坏，连婚姻制度都会被废除。

然而，无论争吵多么激烈，这两次选举树立了美国政党轮替的榜样：杰斐逊失败后妥协，担任副总统，四年后重来，1800 年，两党和平交权。

此时，大洋彼岸的法国则完全相反。大革命让贵族们一无所有，而穷人也什么都没有得到。

此时，大洋彼岸的乾隆皇帝刚刚把皇位传给嘉庆，结束了"康乾盛世"的大清，正处在即将被列强宰割的前夜。

杰斐逊入主白宫后,以他为首的民主共和党开始长期执政,联邦党从此式微,到 1816 年之后几乎不复存在。这就是美国政党体制的第一阶段,即联邦党和民主共和党的对峙阶段。

需要注意的是,杰斐逊的这个党多次易名,起初叫共和党,后改称民主共和党,最后改名民主党。因此可以说杰斐逊是民主党的开山鼻祖。日后,该党产生了威尔逊、罗斯福、肯尼迪、克林顿、奥巴马等为人熟知的总统。

走上历史舞台并发挥重大影响力的杰斐逊,经历了可能是美国历史上最为刻薄、阴狠的谩骂后,坦然说道:"如果要我决定是要一个没有报纸的政府,还是要一个没有政府的报纸,我会毫不犹豫地选择后者。"

杰斐逊是一个兴趣广泛的人:他是土地测量师、建筑师、古生物学家、哲学家、音韵学家和作家;他懂得拉丁语、希腊语、法语、西班牙语和意大利语;他还对数学、农艺学、建筑学,甚至提琴感兴趣。

他是天资最高、最多才多艺的美国总统,他甚至还亲手设计了自己的房子。

然而,在杰斐逊 80 岁生日的时候,债务高达 4 万美元,去世前超过了 10 万美元。为了还债,他把自己最珍爱的藏书全部卖给国会图书馆,还卖掉了大片森林和土地,甚至计划出卖自己经营了一生的庄园。

当然,他的贫困不是奴隶的贫困,不是普通百姓的贫困,而是一个贵族在生活上入不敷出的贫困,是应酬起来捉襟见肘的贫困,是不得不靠借债应付生计的贫困。

杰斐逊生于1743年,他从父亲那里继承了大约5 000英亩土地,他的母亲拥有很高的社会地位。杰斐逊在威廉玛莉学院学习,然后读法律,1767年取得律师资格,1767年进入殖民地议会,1775年参加大陆会议,次年参加《独立宣言》五人起草委员会,成为宣言的主要起草人。1776年,他重返弗吉尼亚议会,制定宗教信仰自由法案。1779—1781年任弗吉尼亚州长,1784年出任驻法公使,1789年任国务卿,1800年当选美国总统。

杰斐逊是美国独立运动的积极领导者和组织者。据记载,他有文字洁癖,特别厌恶别人改动他的文字,一气呵成写好《独立宣言》后,一屋子人讨论哪些措辞要调整,哪儿断句要改动,他很不高兴。当时恰逢盛夏,他打开门窗让苍蝇飞进来,大家不胜其烦,懒得继续咬文嚼字,于是顺利通过,杰斐逊为能保留自己原汁原味的文字感到异常开心。

他前后从事政治活动近六十年,在美国人民心中是一位伟大的英雄。杰斐逊是民主主义思想家,主张平权和言论、宗教、人身自由。他起草的《废止限嗣继承法规》,沉重打击了从英国带到美洲的封建主义残余。他起草了《弗吉尼亚宗教自由法规》，并使这一法规在州议会获得通过，实现了政教分离。

杰斐逊任总统期间，美国从法国人手中"购买"了路易斯安那地区，使美国领土扩大近一倍。他还派遣远征队西行，使美国的西部边界伸向太平洋海岸。他执政期间进行了一些民主改革，领导了反对亲英保守势力、争取捍卫民主的斗争，为美国资本主义的迅速发展准备了条件。

杰斐逊一生著述很多，涉及问题很广，后人为纪念他而出版他的文集，共 20 卷。杰斐逊作为美国资产阶级民主派的杰出代表，与华盛顿和林肯齐名；在才华方面，则远高于他们。

1804 年，杰斐逊连任。离职后，他开始了退隐生活。这期间，他创建了弗吉尼亚大学，并担任第一任校长。在《独立宣言》50 周年纪念日的前几天，杰斐逊病得很重，处于昏迷状态。一次，他稍微清醒后问医生"是不是那一天?"他是指 7 月 4 日。就在这一天，杰斐逊与世长辞，与老对手亚当斯同时驾鹤西去。

杰斐逊一生乐善好施，甚至不惜借债以赠乞丐。然而他的生活方式以及慷慨程度，远非囊中财力所及。就任总统的第一年，他花掉了 32 634 美元，光酒水一项就花了 2 800 美元，而其薪俸只有 25 000 美元，加上他每年出售烟叶所得 3 000 美元，还要借债 4 000 多美元。在白宫的任职时间越长，应酬越多，开销也就越大,欠债自然越多。虽然在总统任内,他大力倡导节俭之风,打造清廉朴素的政府形象,大幅减少国家债务,但他自己的债务却有增无减。

1818 年,杰斐逊向中央学院捐助 1 000 美元,而一年后,他向夏洛茨维尔商人借了 100 美元,以便去蓝岭山的洛克菲什山口参加推荐弗吉尼亚大学校址的委员会会议。杰斐逊的宾客源源不断,他不愿人们说他小气、吝啬,因而大方接待。他从不抱怨自己对国家所做的一切没有得到应有的回报,也不愿向朋友们求助。他曾对继任者说:"我愿死于贫困,不愿失去尊严。"

他的窘境被人们知道后,人们开始自发地捐资帮助他,全国各地都伸出了援助之手,许多地方组织了募捐大会。纽约市居民很快捐献了 8 500 美元,费城人捐献了 5 000 美元,巴尔的摩捐献了 3 000 美元……两个月后,杰斐逊苦心经营了一辈子的归宿——蒙蒂赛洛庄园保留了下来。同时,让他颇感欣慰的是,终于可以有一块属于自己的墓地了。

第二节　杰克逊的粗鲁和老罗斯福的脾气

21 世纪争议最大、中国人最熟悉的总统，肯定是特朗普。他的特立独行，他的敢说敢做，他的独裁风格，他的遭队友唾弃，均让全世界侧目。其实，美国以前也出现过类似的超级牛人，那就是民主党的安德鲁·杰克逊。

此公是田纳西州一个富裕的种植园主，拥有数千亩土地和一大群奴隶，算得上暴发户。他比特朗普更有资本，也做过特朗普想做但没有做到的事情：在新奥尔良保卫战中抗击英国侵略者有英勇表现，是闻名全国的战斗英雄，人送外号"老胡桃木"。

不过，那些东北地区上流社会的贵族都把他看作粗鲁无知的好战分子，是执迷不悟的独裁者；而在西部人眼中，他直率、无畏、慷慨、果断，随时和人民站在一起。从地域来看，喜欢杰克逊的人和喜欢特朗普的人，高度重合。

杰克逊也脾气火爆，不仅敢说，而且敢干。他曾在决斗中一枪打死对手。

那是 1803 年，一个叫迪金森的花花公子侮辱了杰克逊的女友,杰克逊发出决斗挑战,这时大家都以为杰克逊肯定要完蛋了,因为迪金森是田纳西最好的枪手。决斗时,迪金森率先开枪,可由于杰克逊穿着宽松的衣服,子弹只是打断了他的一根肋骨。杰克逊忍住疼痛,缓缓举起手枪,击毙了迪金森。杰克逊说:"我打算杀死他,即使他把子弹射进我的脑袋,在倒下之前我也有足够的时间把他击毙。"

1824 年,杰克逊竞选总统,他的对手是亚当斯、克劳福德和亨利·克莱。结果,杰克逊在选票、选举人票均占优势的情况下被排挤出局。其中,选举人票杰克逊得了 99 票,亚当斯 84 票,克劳福德 41 票,克莱 37 票。

然而,由于 4 人均未获多数票,选举移交到众议院。根据宪法第 1、2 条修正案,众议院直接从得票最多的 3 人中挑选总统。克莱第一个退了下来,转而支持亚当斯。听到这一消息后,杰克逊十分气愤,认为克莱和亚当斯作了一笔"肮脏的交易",但他的抱怨于事无补,只能接受败北的命运。

这次选举,杰克逊虽败犹荣,众多选民认为"民意托付之人"被"东边的腐化贵族"剥夺了应得的权利,杰克逊的政治形象更添光彩,为四年后东山再起奠定了良好基础。

1828 年,杰克逊再次面对老对手亚当斯,两人的争夺是美国历史上最丑陋的总统竞选之一,双方都使出了恶毒的手段。

最令杰克逊愤怒的是,支持亚当斯的报纸刊登了亵渎他妻子蕾切尔的报道。

1791 年,杰克逊娶了被前夫刘易斯·罗巴兹抛弃的蕾切尔。罗巴兹曾宣布和蕾切尔离婚,但杰克逊和蕾切尔后来才发现,罗巴兹根本就没有履行法律程序。在 1828 年竞选期间,反对杰克逊的报纸大肆报道这件事情。杰克逊试图保护妻子,但蕾切尔还是为自己在全国人民面前被侮辱而痛不欲生。1828年 12 月,就在杰克逊登上总统职位之前,蕾切尔含恨离世。杰克逊认为是支持亚当斯的媒体杀死了妻子,他在蕾切尔的葬礼上说:"愿上帝宽恕害死她的凶手,因为我知道她原谅了他们,但我做不到。"

除了以毒攻毒,杰克逊还巧妙地把地区、利益集团和政治学说结合在一起,竞选期间花样百出,为后来的大选宣传树立了样板。

杰克逊的民主党阵营组织严密,发动媒体及各色人等敲锣打鼓搞游行。杰克逊的外号是"老胡桃木",民主党阵营顺水推舟,把胡桃木的海报撒得遍地都是,还别出心裁地做成各种标识,四处发放。但杰克逊本人则很少抛头露面,而是躲在幕后操纵各地支持者的行动。等到新奥尔良举行仪式庆祝打败英军13 周年时,杰克逊登台亮相,应者云集,成为美国前所未有的大规模集会。

杰克逊出身平民，贵族们看不起他，1828 年大选中，对手称他为"驴蛋"（Jackass）。可杰克逊喜欢这个称呼，有一段时间甚至以驴子作为自己的象征。民主党日后便也以驴子作为政党象征。

最终，杰克逊获得 178 张选举人票，是对手亚当斯（83 张选举人票）的两倍多，选民票也获得 647 276 张，明显高于亚当斯的 508 064 张。

杰克逊当上总统后也是我行我素。他在美国政治体系中引入"分赃制度"，还撤换掉一大群联邦官员，代之以自己的支持者和友人。杰克逊认为，奖赏所属派系并鼓励其他人加入，有助于民主。于是乎，他的老乡朋友纷纷进入华盛顿。他在白宫举办晚宴时，好多泥腿子朋友穿着脏兮兮的靴子入场，乱吃乱动，弄得白宫一片狼藉。

杰克逊的胜利，代表着美国政治版图的变迁，东部不再一枝独秀，西部和南部开始崛起。对西部的农民来说，杰克逊是一个反对银行垄断、反对压榨农民的斗士；对南方人来说，他几乎是一个永远不会反对奴隶制度的政界强人，一定会拥护奴隶主向西南部扩张。

杰克逊入主白宫后，民主党稳步发展，逐步成为一个拥有全国和州领导层,具有明确的政党信念和基层组织的全国性政党。杰克逊本人也始终被美国的专家学者评为最杰出的十位总统之一。

面对强势的杰克逊,杰斐逊时代形成的民主共和党于1825年发生分裂,以安德鲁·杰克逊为首的一派在1828年改组为民主党,另外一派组成国家共和党,1834年改称辉格党。1854年7月,辉格党与北部民主党和其他反对奴隶制的派别联合,组建了新的共和党。

1860年大选,新的共和党初试锋芒,获得胜利,林肯率领共和党夺得总统宝座。此后,共和党以工业的东北部和农业的中西部为根据地,掌控美国政坛数十年。1933年罗斯福当选前,民主党只入主白宫16年。迄今,共和党仍常常引以为傲地自称"林肯的党"。

林肯成功地团结了共和党内的所有派系,支持对南方作战,不过,他也反对那些要求苛刻惩罚南方的共和党激进派。在国会,共和党通过了一连串快速现代化的法案,包括国有银行制度、高关税、开征所得税及其他各种货物税、发行没有金银局限的纸币(美钞)、庞大的国债、自耕农场法案,以及补助高等教育、铁路建设和农业发展的土地发放。

从内战结束到1933年的70多年中,除其中的16年外,共和党大部分时间主政白宫。

从内战结束到 1929 年金融危机,是美国高速发展的年代,也是腐败盛行的年代。这段时期的亮点就是西奥多·罗斯福以及他的反腐运动。

1901 年,麦金莱总统遇刺身亡,42 岁的罗斯福就任总统,并成功连任,他对外实行扩张政策,建设强大军队,干涉美洲事务,对内则发动"进步主义"运动,主张用联邦政府的权力对现行秩序加以改革,使美国社会重新走向"和谐"。

担任两届总统后,罗斯福功成身退。但年纪轻轻,精力充沛,在《展望》杂志当了两年副主编后,耐不住寂寞,决定打破华盛顿的惯例,第三次竞选总统。1912 年 6 月,他在共和党全国代表大会上与塔夫脱竞选总统候选人提名失败,于是另起炉灶,成立民族进步党,以公鹿为标记,人称"公鹿党"。

罗斯福称自己"像公鹿一样顽强"。1912 年 10 月 24 日,在威斯康星州密尔沃基的一次促选活动中,理发店老板约翰·施兰科向罗斯福行刺,子弹击中演说稿后进入胸腔。罗斯福拒绝入院治疗,坚持完成了 90 分钟的演说。他对听众说:"不知你们听说过没有,刚才我挨了一枪,但是这连一头公鹿都杀不死。"医生诊治的结果是,枪伤严重,但是取出子弹会导致更大的危险,于是罗斯福的身体终生都携带着这个弹头。

在当年的总统大选中,罗斯福赢得 27% 的普通选票,塔夫脱 23%,民主党人伍德罗·威尔逊以 42% 的得票率当选。毫无疑问,罗斯福搞分裂给了民主党人入主白宫的机会。

第三节　美国两党群体分布图

尽管美国人无须入党宣誓,但他们有着强烈的政党认同感,民主派人士看民主派的电视节目,共和党的拥趸看保守派的节目,聚会、游玩也是如此,大家习惯了彼此有不同的看法。

我在乔治华盛顿大学访问时,曾经和几位主修政治学的本科生开了个小型研讨会。六个参加座谈的学生有四个是共和党的支持者,有两个是民主党的支持者。这几个人的思想大都受父母影响,有的在中学时期就形成了独立的政治观点。19 岁的尤金·库佐博说:"政治观念的不同不影响我交朋友,我支持共和党,但我也有许多民主党的朋友,我们经常在一起辩论。我喜欢辩论,喜欢和他们在一起。"

美国人尊重个人隐私,聊天时不能问女士年龄,不能问工资收入,但说起党派归属来却毫不隐瞒。我曾经在明尼苏达州和一个犹太裔民主党人士一起吃饭,席间不胜其烦,他从头至尾"讲政治",把布什总统骂了个狗血喷头,说他是靠欺骗上台,说他听了石油公司哥们的话才打萨达姆,说他是副总统切尼的傀儡。

这一点和日本人形成天壤之别。2005 年日本选举时我在大阪访问,出乎好奇,我堵在一个投票点门口,问选民是投了小泉纯一郎还是冈田克也,男女老少加起来问了 20 多人,无论如何绕弯子,就是没人肯说自己的选择,他们觉得政治抉择才是隐私,至于工资,随便问,可以聊。这是美国和日本的区别,也是西方和东方的差异。

有机构对美国人做了一项调查:"你把自己看成共和党人、民主党人还是独立派人士?"结果 98％的人明确表示自己属于某一派系,表现出在没有外力约束下强烈的党性原则。在政治学家看来,美国公众的党派倾向在这 50 年间一直异常稳定。

整体看来,民主党支持者的基数大。2004 年,7 200 万美国人登记为民主党党员,占合格选民的 42.6％,而登记为共和党党员的只有 5 500 万,占 32.5％,民主党是名副其实的美国第一大党。到 2021 年 4 月,依然是民主党在人数方面占据优势。一项路透/益普索民调显示,36％的美国人称自己倾向于共和党,而民主党的这一比例为 42％。

在我们的传统印象中，共和党代表垄断资产阶级的利益，民主党代表中小资产阶级和工人的利益，其实不然，如此简单的划分不能清晰地勾勒美国政党的成分。

密歇根大学政治研究中心所做的人口学分析展示了两党不同的选民基础：共和党可以被视为宗教与文化保守派、工商业者、南方及山区各州、中西部以及远郊区和农村地区的政党；民主党的支持者则包括少数族裔、主张宗教与国家事务分离的人士和社会自由派、工会会员家庭、大城市和低收入居民以及东西海岸居民。

当然，凡事无绝对，所有这些分类都是基于整体倾向。在每一类人口中都有各种政治倾向，每次大选，各个族群都会出现分化，两党此消彼长，各有得失，维持基本面的大体平衡。

少数民族通常支持民主党。比如说，民主党最有力的同盟军是非洲裔选民，他们十有八九投民主党的票。2000年大选，10位黑人选民就有9位把票投给了民主党候选人戈尔。不过，2004年大选时，克里在黑人中间却没有戈尔那么高的支持率，主要是因为克里在黑人选民关心的工作、保险等问题上讲得太少，反倒是将焦点集中在黑人选民关切较少的伊拉克战争上，一些政治评论家批评克里让黑人选民"寒心"。

西班牙裔选民也是支持民主党的居多。西班牙裔是指那些古巴、波多黎各、墨西哥和中南美洲其他西班牙语地区的移民及他们的后裔。由于他们的老家离美国最近,因此移民人数也最多,达6 210万人,堪称"第一大少数民族"。由于民主党支持接纳移民,所以他们通常支持民主党。1996年大选,克林顿获得了72%西班牙裔选民的选票。2000年大选,布什获得了35%西班牙裔选民的选票。2004年他更进一步,年初就宣布要给非法移民合法的工作身份,此举果然讨好了西班牙裔选民,他们对布什的支持率竟然超过了40%,为历年来支持共和党的最高峰。2020年大选,拜登战胜特朗普,很大一部分原因就是少数族裔和新移民支持拜登,民主党的人口基数大占了便宜。

另外,亚裔在美国作为一个群体正在增长迅速,大选中,华裔的重要性也逐渐增强。

从历史传统看,亚裔美国人支持共和党。比如,1992年总统大选时,一半多的亚裔选民投了老布什的票,而克林顿只拿到31%的票。不过,此后数年,亚裔越来越青睐民主党,这是因为越来越多的受过高等教育的中国、印度移民进入美国,赞同民主党的经济政策。与之形成鲜明对比的是,教育程度相对较低的越南和菲律宾移民更喜欢共和党。

随着亚裔选民参政意识的增强,两党也加紧了争夺。2004

年,民主党候选人克里专门设立了简体中文和繁体中文网站,但整体来看,华人的投票率还是不高。芝加哥市选举委员会的戴维专门负责少数民族事务,他告诉我,芝加哥市印度裔美国人、华裔美国人的投票率都在9%左右。为了动员少数民族投票,该委员会专门印制了各种语言的选举介绍材料,其中就包括中文。

在芝加哥市中心希尔顿饭店旁边的一家中餐馆,我和来自广东的服务员小马聊天,他说自己是合法移民,已经是美国公民,但不会去投票。"我干好自己的工作挣钱就行了,去投票有什么用? 谁当总统又有什么区别?"小马的一位女同事来自新加坡,还没获得绿卡。她说:"布什说过要大赦,我要是有投票权,就选布什。"

在洛杉矶生活了十多年的赵先生是东北人,已经是美国公民,但他对大选不是特别关注,他说:"总统大选电视辩论,美国人看得津津有味,但我看不太懂,这里面有很多文化的因素。比如他们会随口说个好莱坞明星的名字,代表着某种含义,可作为外来人,我们不明白。"

在华盛顿州西雅图市,我访问了唐人街的中文报纸《西华报》社长吴静雯女士。她总结华人不参加大选投票的原因时说:"太忙、没时间、要挣钱。"然而,在1996年、2000年该州选举州长时,她的报纸呼吁亚裔选民支持华裔候选人骆家辉,竟然有从未参加选举的人动员了十几个亲友一起投票,最终骆家辉成为美国第一任华人州长,并获得连任。

此后,华人参政的热情有增无减,杨安泽甚至参加了2020年的总统大选,吴弭于2021年当选波士顿的市长。

少数族裔选民的抉择,有时候和两党对母国的外交政策息息相关。在底特律,阿拉伯裔美国人数量庞大,穆斯林社区自成一体。作为受"9·11"影响最大的少数族裔,他们的态度也有很大转变。底特律公共电台助理、新闻主任杰罗姆·沃根告诉我,在伊拉克战争前,许多中东移民支持布什,战争打响后,他们还举行了一个大型集会进行庆祝。然而,战后的伊拉克陷入混乱,死亡人数逐渐上升,许多人开始感到失望。在美国国内,由于反恐,许多阿拉伯人受到怀疑,他们感到害怕。在这种情况下,阿拉伯裔美国人转而支持克里,希望他当选后促成从伊拉克撤军。

尽管少数族裔倾向于支持民主党,但民主党的核心不是少数族裔,而是工会会员。20世纪30年代罗斯福竞选总统时,工会一直站在民主党一边。不过支持也不是绝对的,共和党人在大多数选举中都可以拿到至少三分之一的工会会员选票。1984年,共和党在工会会员中的得票率竟高达46%,接近半数,令人吃惊。2000 年,有 37％的工会会员家庭投票支持共和党。

因此,直观的印象是,共和党是富人党,民主党是穷人党。其实不尽然,民主党总统候选人也有望得到大批中上阶层选民的支持。例如,在 2000 年大选中,民主党候选人戈尔在家庭年收入超过 10 万美元的选民中的得票率达 43％。而共和党的红州,其经济实力远在民主党的蓝州之下,全然不是我们想象的那样——富人支持共和党。

受过大学教育的专业人士传统上支持共和党,可 1988 年到 2000 年的 4 次选举中,支持民主党的人占 52％,领先共和党支持者 12 个百分点,因为这些人为环境问题、人权问题所困扰,有自由主义倾向,因此更多地选择了民主党。

一个有趣的现象是,离婚者和单亲家庭倾向于支持民主党,而传统夫妻家庭往往更支持共和党。这是因为,共和党讲究小政府、大社会,反对对穷人"施舍",在他们的观念中,穷是因为你没有努力奋斗。而民主党则关注弱势群体,如果民主党执政,单身妈妈更有可能得到政府补贴。

当然,宗教归属和参加宗教活动的多寡也是判断共和党基本选民的有力特征。一个人参加宗教礼拜越多,就越可能是共和党人。主张宗教与教育或国家功能分离的人以及非信教人士多为民主党的支持者。

　　各党的选民基础在地理分布上也有所不同，每当大选，大家都能听到"蓝州""红州"的说法。蓝州是民主党的基本盘，红州是共和党的票仓。

　　蓝州投的是民主党的票，这些州集中在东西海岸以及北部地区。红州则多分布在南部，在农业州和落基山脉诸州，另外还有几个中西部的州。

　　从各州内也可看出不同政党选民的分布情况。民主党的基础多在城市和近郊区，而共和党在远郊区和农村更占优势。不管是"红州"还是"蓝州"，按照州内投票结果，城市选区多为民主党地盘，而郊区则多由共和党控制。

　　近年，民主党的势力在高科技发展地区日益壮大，而共和党的主要势力是在一些人口减少了的地区，也就是农村地区。共和党在南部各类郊区都颇为得势，包括迅速发展的亚特兰大市周围地区。

　　近年，民主党和共和党的版图有所改变，一向属于共和党的得克萨斯州，由于大量来自加州的民主党人的迁入，也有变蓝的趋势。

　　这就是美国，人口在迁移，思想在变化，两党的拥趸也是个动态变化的过程。这是他们在来去自由结构下的必然结果。

如果说来去自由是美国政党结构的第一个特征,那么,第二个特征就是立场自由:即使我是贵党党员,如果我想和另外一个党穿一条裤子,你能奈我何?

常常和敌人站在一起的情况,莫过于国会的投票表决。多数情况下,议员们以党派划线,如果共和党人当总统,国会也会被共和党控制,这个总统就幸福极了,他的大多数决策都可以顺利通过。但也非全部。比如说,2000年克林顿总统提出给予中国永久最惠国待遇法案(PNTR),在众议院投票时,共和党议员投赞成票者比民主党议员多,原因很简单,美国工商界是支持PNTR的主要力量,而他们是共和党的主要基础。2002年,布什总统提出《加强边境安全和入境签证改革法案》,提交众议院表决,结果共和党人92票赞成,民主党人182票赞成,布什总统对党内同志们不讲政治的做法大为光火,却也无可奈何。没办法,议员是民众选的,总统权力再大,也没法撤换。

麦凯恩在2000年共和党初选中输给布什,当时布什在军师卡尔·罗夫的策划下,对麦凯恩的攻击不遗余力,甚至在麦凯恩收养的黑人女孩身上大做文章,麦凯恩对此耿耿于怀。

布什当上总统后,麦凯恩多次反对布什总统的政策。他在参议院投票反对减税计划,与民主党人希拉里一同批判布什政府对全球气候变暖问题置之不理,揭发共和党著名说客、政治募捐高手阿布拉莫夫的行贿丑闻。

2004年总统大选时,麦凯恩向布什的对手克里暗送秋波,两人常通过电话交谈,克里几乎天天都要在公开场合提到麦凯恩的名字。除了对其大加赞赏外还将其称为"我们的老朋友"。布什团队攻击克里对外软弱时,麦凯恩也公开出来为老朋友辩护。

后来,类似的对党内同志下手的事情不断上演。比如说,2020年大选,身为共和党大佬的布什家族就公开反对共和党同僚特朗普,支持民主党的拜登。

美国政党结构的第三个特点是推举候选人相对自由。所谓相对,是和美国的过去相比,而非绝对。

美国建国初期的几十年,让谁去当总统候选人不像今天这么热闹,党内的几个大佬们找间房子,嘀咕一番,进行必要的平衡和算计后,签订"秘密协议",候选人就产生了,能到这间屋子里开会的,不是富可敌国,就是声名显赫,普通党员只有靠边站的份儿。

后来,美国政党也与时俱进,开始召开预选会议(Caucus)。在美国的选举政治中,这个词专指在提名总统候选人过程中,党的地方活动人士举行的会议。地方政党机构选出参加高一级行政区会议的代表,这一级代表再选出参加州一级会议的代表,最后由州级会议代表选出参加本党全国提名代表大会的代表。这些代表选举各地推举的本党总统候选人。这种做法使决定总统候选人的程序始于基层，总统提名的程序相比在黑屋子里酝酿的秘密协议有所进步，但还是未能摆脱党魁控制候选人的状况。

19世纪中后期，美国进入"镀金时代"，政坛上到处充斥着权钱交易与政治分赃。由于与会代表需要通过政党组织的间接选举，于是有垄断资本撑腰的政党老板完全操纵了政党代表大会和总统候选人的提名。

面对如此无耻行径，代表中产阶级利益的知识界开启了具有改良性质的"进步主义运动"的序幕。1903年，在密西西比和佛罗里达，部分尝试由普通选民直接提名的初选制后，威斯康星全面推行初选制。这标志着威斯康星成为全美第一个在总统提名程序中采用初选制的联邦州。那时，担任威斯康星州州长的罗伯特·拉福莱特与同时代的伍德罗·威尔逊、西奥多·罗斯福一起有效地推动了初选制在该州的普及。

到1920年，初选制几乎在所有的州都成为选举部分政府官员的方法，但各党、各州在具体操作上有所不同。比如说在得克萨斯州，民主党有67个超级代表名额，而选举票只有126张，也就是说，所有普通党员的数量虽然是超级代表人数的近百万倍，但只相当于超级代表票数的两倍功效，而共和党则完全是根据选票多少判定胜负，胜者通吃。

由于老百姓可以投票选举候选人，党内大佬的威力锐减，政党的负责人从呼风唤雨、为所欲为型变成了甘当人梯、默默服务型，更像是党内的超级秘书。2008年美国总统初选时，我们听到了奥巴马、希拉里、麦凯恩、赫卡比等候选人的名字，可有谁知道共和党、民主党的负责人是谁？2020年大选，大家都知道是特朗普和拜登在比拼，后台人物无人关注。不仅我们不知道，美国人也不清楚。

这种制度安排，可以有效地促进黑马的出现。1972年，美国历史上第一次两党以初选方式产生的代表越过了全会代表50％的门槛，标志着初选制度作为党内总统候选人提名的主导地位最终确立，从此，任何候选人必须赢得初选才能获得提名。作为推行提名制度改革的委员会主席之一的民主党左翼参议员乔治·麦戈文从中受益，在初选中爆发出惊人的竞选能力，一举击败了被党内高层精英广泛支持的马斯基，不过，由于他过于激进，最终惨败在尼克松手下。

第四节 美国两党异同深度解析

说起美国的两党制,我们都会想到"驴象之争"。两党在不断演化,其政策也根据时代特点进行调整,但万变不离其宗,调整是表面的,两党之间的区别可谓根深蒂固。

如前所述,从 18 世纪 90 年代初到 1824 年,是美国政党政治发展的第一个重要时期,也是美国两党政治兴起的历史时期,对以后美国两党政治的发展具有重要影响。

美国的政党产生于联邦政府建立之后。从第一届国会开始,围绕财政部部长汉密尔顿的经济政策,在国会形成了支持与反对的两个稳定的投票集团,在此基础上形成了以汉密尔顿为首的联邦党和以杰斐逊为首的共和党,后者于 1794 年改称为民主共和党。联邦党主张建立稳定的国家信贷,建立国家银行,保护关税,要求从宽解释宪法,集中权力于中央;而共和党主张从严解释宪法,使各州和地方政府能够分享到较多的权力。由此开始,两党的政治斗争推动着美国政党制度逐步形成。

1796 年总统选举后,美国历史上首次出现了执政党与在野党的划分。约翰·亚当斯当选总统,联邦党成为执政党,民主共和党成为在野党。1800 年总统选举,民主共和党人杰斐逊当选总统,这是美国历史上第一次国家政权从一个政党手中转移到另一个政党手中。杰斐逊的上台标志着民主共和党时代的开始,在这个时代里,总统职位从杰斐逊传给麦迪逊,再传给门罗,直到 1824 年结束。1816 年总统选举后,联邦党瓦解,从 1816 年到 1824 年,实际上形成了民主共和党一党政治的局面。

1824 年到内战前是美国政党政治发展的第二个重要时期,也是美国两党制形成的奠基时期,在此期间,美国政党政治开创了两党轮流执政的局面。

美国两党政治的格局奠定于 1824 年至 1856 年民主党与辉格党两大政党对峙的历史时期。民主党和辉格党是由民主共和党内的不同派系发展而来的。

在 1820 年门罗连任总统时,民主共和党内已经形成"老共和党人"和"青年共和党人"两大派系。"老共和党人"固守民主共和党维护州权、从严解释宪法的原则,"青年共和党人"则主张从宽解释宪法和以保护关税、国家银行及发展内地交通运输为内容的国家主义。在 1824 年的选举中,由于没有对立的政党竞争,党内派系分裂公开化。于是,民主党在 1828 年总统竞选时创建,它是以民主共和党的"老共和党人"为核心组建的,1840

年后至内战前,它已经演变为一个奴隶主阶级的政党。辉格党是逐渐形成的,它的前身是以 1824 年当选的总统亚当斯为领袖的国民共和党。为反对"老胡桃木"杰克逊总统,19 世纪 30 年代,辉格党建立。1848 年后,南北辉格党人因奴隶制问题而出现分裂,并最终瓦解。

内战是美国两党政治发展的一个特殊历史时期。在这一时期中,活跃在政治舞台上的两大政党是共和党与民主党。共和党是在美国社会围绕奴隶制问题发生剧烈冲突的背景下产生的。民主党在南方奴隶主的控制下坚定地捍卫奴隶制度,只有少数北方民主党人持相反的立场。此时的辉格党已经彻底分裂,南方辉格党站在南方民主党一边,北方辉格党则孤军奋战。1848 年成立的自由土壤党虽然公开反对奴隶制,但力量太小,在这种情况下,北部和西部各种反奴隶制的政治力量开始酝酿成立一个新党。1854 年 7 月 6 日,自由土壤党、北部辉格党和反对奴隶制的民主党人在密歇根州杰克逊市集会,成立了一个新政党,取名为共和党。1860 年大选,共和党获胜,林肯当选总统。失败的民主党不接受选举结果,企图用暴力手段改变它,美国内战爆发。

内战成为美国两党政治发展的一个重要转折点,它彻底摧毁了南方的奴隶制度,整个美国迅速资本主义化,为两党制的形成奠定了坚实的社会基础。

此后，两党在逐渐形成自己风格的同时，也在不断演化。共和党成为保守的代名词，而民主党则整合了少数族裔和边缘群体，形成松散的自由派。在美国工业化时期，共和党代表大资本家的利益，民主党则支持工会，博取劳动人民的支持。

进入 21 世纪，数字经济的巨头团结在民主党周围，而共和党则转身为中西部农民说话。如今，民主党控制着主流媒体和文化传媒，如 CNN、谷歌、推特、好莱坞，再加上白人人口减少，黑人和拉丁裔人口暴涨，导致民主党的势力越来越大。

但无论两党如何变迁，也无论其他小党派如何努力，美国一直没有成功的第三党出现。这是为什么呢？

第一，美国自建国以来就实行单一制选区，这有利于两党制的形成。第二，英国作为北美殖民地的宗主国，其两党制对美国有一定的影响。第三，美国社会结构的对立，成为两党制形成的社会基础。美国从一开始就几乎围绕各种重大问题分为两大阵营，如围绕宪法问题产生的联邦派和反联邦派，围绕奴隶制问题出现的南北分裂等。第四，政治实用主义是两党制形成的思想基础。两党都注重现实利益，懂得在各种力量面前互相妥协。妥协逐渐成为协调社会矛盾的一种思想方式，这种思想方式在政治制度上的反映就是试图通过两党轮流执政以调整国家的重大政策,在各种利益集团之间维持平衡。

对于民主党和共和党的政策异同,熟悉美国政治的读者虽已耳熟能详,但为了便于理解,在此还是有必要系统地总结一下。

民主党的支持者主要是城市力量、知识分子以及社会边缘力量,如移民、穆斯林、女权主义者、同性恋团体;还有少数族裔,如黑人、拉丁裔等。以纽约州、加州为首的东西海岸线上的州向来都是民主党的坚定支持州。

民主党笃信大政府主义,强调政府的作用,主张政府为人民做出更多决定,更多地参与到各种政策的制定中。民主党认为,政府在促进平等与改善社会福利方面是很重要的,因此支持政府有更大的权力干预经济。罗斯福新政之后,政府权力得到了全面扩张。

经济方面,民主党主张向富人和大公司征收更多的税,他们认为富人阶级有义务为社会担负更多责任。他们还主张提高最低工资,保障公民有足够的收入来养家糊口。

医疗保险领域,民主党试图推行全民低价医保,让更多人拥有负担得起的医保。比如说,奥巴马医改(Obama Care)就是一种全民低价医保体系,但这项保险增加了政府的财政支出,被特朗普废除了。

在全世界人民关注的美国军事外交领域,民主党主张减少军费、减少持有核武器的数量,在对外政策上更倾向于用外交手段、多边主义来解决争端。但实际上民主党人在担任总统期间,对外开战、干预的也不少。

持枪问题也是两党理念不同的关键所在。民主党提倡严格管控枪支,反对在公开场合以任何形式携带枪支;共和党则认为这是宪法赋予的神圣权利,是自由的象征。但两党都明白,在美国要真正实现控枪是不可能的。

在婚姻问题上,民主党主张每一个人都有走进婚姻的权利,支持同性结婚,支持堕胎,认为公民有权利根据自身的生活状况和生活变迁而选择要不要生小孩。

在移民问题上,民主党鼓励更多人移民到美国,对待非法移民也更加宽容,给一部分符合条件的非法移民颁发合法身份,让他们拿着低工资做很多美国人不愿意做的脏活累活。民主党优待黑人等少数族裔,当白人警察枪杀黑人弗洛伊德后,民主党高层甚至下跪来表达对黑人的支持。

与民主党针锋相对的是共和党。

共和党又称"老大党"(GOP,Grand Old Party)。在美国,共和党被视为社会上的保守主义、经济上的古典自由主义、外交问题上的鹰派政党。

1860 年林肯当选总统后,共和党开始执政,并在南北战争中击败南方奴隶主势力,平息了内战。1860 年至 1933 年的 70 多年中,除中间短暂的 16 年外,美国均由共和党执政。该党的群众基础主要是郊区和南方的白领工人以及年轻人。二战后,中产阶级成为其新的支持力量。

共和党没有固定的政纲,只有适应每次大选需要的竞选纲领。共和党党员多数是不固定的,凡在选举中投票选举该党总统候选人的选民都被认为是该党党员。共和党全国代表大会每四年举行一次,主要工作是推选该党总统、副总统候选人,通过党的竞选纲领,选举党的主席。共和党的常设最高机构是全国委员会,由主席领导,每年召开两次会议。各州有党的州委员会,县、市和基层选区均设地方委员会和选区委员会。

共和党由许多不同的非正式派系组成,这些派系经常互相重叠,但不一定会同意彼此的立场。举例而言,共和党内有财政保守主义派、福音教派、社会保守主义派、自由意志主义派、古保守主义派、新保守主义派、右派民粹主义派、中间温和派以及支持同性恋权利的"木屋共和党人"。

共和党在社会议题上倾向保守主义,在经济上则接近于自由主义,并与华尔街(大企业)和商业街(地区的小型商行)关系紧密,但很少获得工会团体的支持。共和党支持较低的税赋,在经济议题上主张限制政府规模、支持商业发展，而在一些社会议题上(如堕胎)则支持政府介入，反对堕胎。

虽然没有明确的纲领，但共和党有自己的理念。

第一，坚持责任之哲学。共和党人的信念基石是，每一个人都要为自己在社会中的位置负责。共和党鼓励个人通过劳动为自己、为家庭以及为那些不能照顾自己的人争取社会利益。

第二，共和党人认为政府应只限于为人民做那些人民自己不能做的事情，决定个人命运的权力应该把握在个人手中。共和党人相信政府的权力和资源应该通过各州和社区的领导人，保持在靠近人民的地方，而不是集中在遥远的大政府。

第三，共和党人相信竞争性的自由创业体系，他们认为，个体必须自由地运用自己的才能，这是个体与国家繁荣的关键所在。共和党人相信个体成功的唯一限制是自己主动创新和创业的限制。

第四，共和党人认为只有美国拥有并保持强大到足以威慑任何侵略者的防卫力量，和平与自由才能得到保护。

第五，共和党人一贯努力削减政府开支，消除昂贵的支出和不必要的政府项目。他们认为增加税收的事应该由人民投票决定。

第六，反对堕胎。共和党忠于《独立宣言》的第一个保证：我们坚持所有人类生命的固有尊严和神圣性,并申明未出生的儿童拥有不可侵犯的个人生命权。

第七,共和党人认为,基于性别、种族、年龄、宗教、信仰、残疾或民族血统的歧视是不道德的,共和党应该强力执行反歧视的法规。

第八,共和党人坚持个人拥有枪支的权利,这一权利先于宪法,并得到第二修正案的庄严确认——使美国人能够保卫自己、保护他们的财产和社区。共和党人认为,枪支管制只会影响和惩罚自觉守法的公民,而且在减少暴力犯罪方面是无效的。

第九,共和党人背后有石油集团的利益所在,对环保一向不够重视。

第十,反对"同性"婚姻。共和党认为应该提出新的宪法修正案,以便充分保护婚姻是一男一女的结合,从而使法官不能做出其他安排。在没有国家修正案的情况下,共和党支持各州人民通过启动州立倡议,确保传统婚姻的权利。

两党之区别,每逢大选,尤为凸显,在外界看来的一些"小事",都会成为议题,成为吸引全民投票的重要因素。

第四讲　美国大选那些事儿

四年一次的美国大选不仅对美国内政有影响,对于世界局势也有影响。2016 年和 2020 年的美国大选,尤其引人关注,背后的原因,一是女性候选人和特朗普的过激言论,二是社交媒体放大了矛盾,三是撕裂状态下冲突点更多。这些现象背后,美国大选的本质是什么?

第一节　选举人团与国会山的秘密

美国大选让大家熟悉了一个词,选举人或者选举人团。这个词的含义是美国大选不是直选,不是一人一票。其背后的实质是对联邦政府和各州之间关系的规范。

大选时,公众投票之后,每个州选出自己的选举人。这些选举人代表选民在指定的 12 月 14 号这一天去华盛顿投票选出总统,因此严格来说这是一种间接选举。

选举人团的产生当然是因为选票的产生,它规定了赢家通吃的原则。也就是说,即便在加州民主党比共和党只多一票,加州所有的选举人票就都要归民主党,这叫赢者通吃。

问题来了:为什么实行这样的制度而不是一人一票?它有什么优劣?为什么加州是 55 票而俄亥俄只有 20 票?这到底是怎么规定的?

要把这事说清楚,我们还要从美国建国说起,从华盛顿、杰斐逊那些开国元勋以及他们的理念说起。

我们知道,很多国家都是先有国家,后有各个省或州。但美国不同,它是先有了 13 个殖民地,这 13 个殖民地联合起来,赶走英国佬,获得了独立。所以说,美国是先有各个州,即殖民地,后有国家。

获得独立之后,华盛顿将军铸剑为犁,解甲归田,殖民地大有各行其是的意思。建国的时候,殖民地有大有小,谁也不愿意放弃自己的权利,谁也不愿意失去相对独立的地位。于是就开始为自己的权益争吵。吵来吵去,就推出了一个宪法。宪法及其修正案,重点规定了中央和地方的权力分配以及如何选出总统。这里面就实现了一种平衡,即各州无论大小,一律平等。

小州说,你看你们纽约那么大,别欺负我呀,必须创立一种制度来保障我的地位。我虽然个子小、人口少,但不能受欺负。在小州的坚持下,立法者综合考虑,弄出了两院制。

大家都知道,美国有参议院和众议院。众议院是根据人口多少来划分的,大概是每65万人选出一个众议员。加州人多,众议员名额就多;俄亥俄州人少,众议员名额就少。大州说,我们人口多,当然出的议员就多,很公平!小州说,OK,众议院我不和你计较了,但是参议院一定要人人平等。因此参议院代表的是州权,每个州都有两个参议员,无论大州小州都是这样。

我们可以笼统地说:参议院代表的是各个州之间的平权,众议院代表的是每一个人都有他相应的权利,这就是参众两院的区别。

正是在这个基础上,才出现了选总统的选举人制度及其名额分配。选举人制度就是根据参众两院的议员数量,给各个州分配名额。每个州的选举人的数量,就是它的参议员和众议员加起来的数量。

参议员代表州权,众议员代表民众的权利。在总统选举时,就把这两个权力叠加在一起。最后计算选票的时候,一个州虽然体量小，但它可以成为一个砝码，并不是因为别的州有八千万人口就能把只有五百万人口的小州选票给稀释了。这样一来，小州也有了一定的权利，会比较开心。

这个制度就这么一直传了下来，直到 2020 年大选出现了争议。

民主党认为，这样不公平，应该一人一票，谁得票多谁说了算。为什么民主党这样说呢？因为民主党的基本盘比共和党大，如果按照现在的选举人团制度，共和党是有希望的。比如说 2016 年大选的时候，希拉里在总票数方面比特朗普多了三百万张，但因为她失去了几个重要的摇摆州，结果算起来选举人票反而比特朗普少。民主党觉得不服，怎么我票多，反而还输了呢？这就是争议所在。共和党人坚持一定要给小州和一些落后的州相应的权利，坚持选举人团制度。

采用赢者通吃的选举人制度，而不是一人一票，背后是对民众的不信任。这一制度的思想源流，可以追溯到古希腊。

古希腊有个著名的哲学家苏格拉底，善于发表各种奇怪的言论，他喜欢问别人问题，他的奇谈怪论导致官方和民众都很生气。结果，无论官方还是民众一致决定把苏格拉底处死。就这样，一个伟大的哲学家被他的人民同意处死了。

这也引发了后来者的一个考虑：多数人同意是不是一定就

是对的？真理是不是一定掌握在多数人手里？

　　事实往往不是这样的，不能简单说多数就一定是对的。从制度层面而言，一定要防止多数人对少数人的暴政。正是因为有了这样的理念，才导致选举人团制度的出现并维持至今。

　　无论大家有什么意见，这么多年都一直执行了下来。它有优势，也有劣势，但政治学者普遍认为，正是因为这样的制度才保证了美国的选举不会像南美那样陷入一人一票的民粹主义局面。

　　美国总统选举经常被称为大选，因为除了选总统之外，还包括选议员、选地方官员等，选票上列了长长一串名单。赢得总统选举，而丢了参众两院，就会导致政令不出白宫，这样的总统被戏称为"跛脚鸭总统"。所以，要了解美国的政治体制，国会是绕不开的坎儿。

　　大家说起美国国会，经常会说是国会山。为什么叫国会山呢？因为它的英文叫 Capitol Hill。

　　华盛顿是一个平原，但国会山确实是一个小山丘，美国人把国会建在这里，是可以俯瞰白宫的。这种俯瞰也标志着国会议员的任务就是对总统进行监督，这是美国三权分立的一个生动写照。

　　不过，这座山的安保不够强，2020 年大选结束后，特朗普的支持者轻松闯入国会,议员们都吓跑了。看来关键时刻议员们的胆子真是不大。

我在华盛顿时,曾经去过国会,简单预约一下,就去了,里面的表决辩论可以随便听,也有直播。9·11之前,进国会山无须安检,9·11之后,因为反恐的需要,安检成了必不可少的一步。

美国的国会是两院制,但美国的两院制和其他国家大为不同。

英国的两院制分为上院和下院,下院是民众选出议员,议员再选出首相,首相对女王负责。这些议员是真有权力的,可以把部长喊过来臭骂一顿。

上院就没有这样的威风了,更多的是一种荣誉职位,家世显赫的老爵爷、立过功的大将军,都给这么一个光荣的职位。他们地位很高,权力很少,开开会喝喝茶就行了,像是一个清谈馆。

美国的参众两院可不同。参议院、众议院都有自己的权力,也都有自己的权力来源。

众议院的权力来源于民众。众议院有435个席位,根据人口来分配,大约每65万人出一个众议员;参议员是代表州权的,每个州都有两名参议员。

100个参议员,435个众议员,物以稀为贵,可见参议员的权力是大于众议员的,一般情况下众议员可以当很多届,有影响力了才可以去竞选参议员。

参议员里出了很多总统，这就是他们上升的层级体系。

众议院和参议院一样，都有立法的职责。众议院负责起草法案，有人提议，然后把法案写好，交由众议院投票，如果通过，再送到参议院。参议院投票后，如果不同意就发回重写，如果同意就成为法律。但是参议院只能表示同意或不同意，不能修改，因为起草、修改法律的权力在众议院。

我们知道，管理一个机构，关键是人权和财权。这两方面搞定了，问题就不大了。

众议院掌握财权。众议院有预算委员会和拨款委员会，政府要花钱需要提交一个预算，众议院通过了才能用，通不过就不能用。如果政府和众议院分别被两党控制，要钱就麻烦了，对方肯定是横挑鼻子竖挑眼。

参议院掌握人事权。组阁的时候，总统一定要找自己身边的人或任命自己喜欢的人。那是不是就可以任人唯亲呢？绝无可能，有参议院在那儿顶着呢。

如果参议院不喜欢总统任命的官员，可以否决，这里面包括一些重要的内阁阁员、美联储主席、国务卿、大法官、各部部长等，这些重要岗位，也就是部级以上的干部任命，都要由参议院通过。这就是参议院对人事权的掌控。

因此，如果一个总统参众两院都无法掌控，那就惨了，要钱要不来，想任命一个官员也很难。实际上，美国有很多这样的"跛脚鸭总统"。虽然看似大权在握，真正的大事却办不成，因为参众两院都会想办法反对他的政策。

在美国历史上，也有总统能同时掌控参众两院的，比如罗斯福，那可真是大权在握，甚至可以说他的权力并不比希特勒小。1932 年大胜，1936 年又是大胜，当时美国 48 个州只有两个州把票投给了他的对手。

与此类似，1984 年的大选，里根也是大胜对手。蒙代尔在全部 535 张选举人票里，只拿到 13 张，可以说是连底裤都输掉了。

这就是美国总统大选以及国会大选的一个基本情况，但大多数情况下是参众两院分属不同的党派，这里面有制衡，美国人两百多年的选举游戏玩得也习惯了。选举的时候，美国公民如果把总统的票投给共和党，通常就会把参众两院的票投给民主党，大家也是觉得我给你投两边儿，不能一边把什么好处都占了，这是很多人的思维方式。

正因为如此，美国大选不仅仅是总统大选，而且是参议员、众议员的换届，如果赶上六年任期届满，这场厮杀就特别激烈了。

第二节 什么人能当总统

近百年来,国会的力量在逐渐削弱,而总统的力量(即行政力量),在逐年增强。很多参议员在华盛顿一混几十年,干不了多少正事,因为名望有限,权力也有限,只能和一些说客干些勾勾搭搭的事情。但无论如何,参议员在美国政坛上是一个很重要的存在。

在当上总统的人里,很多有参议员的经历。美国总统主要来自两个领域——参议员和州长,还有的总统既当过参议员又当过州长。另外一个就是将军,打过仗的将军也容易当上总统。

过去几十年里,州长出身当总统的概率比参议员更高,像我们熟悉的克林顿就出身小石城,然后作为阿肯色州的州长来挑战总统老布什,结果竟然成功了,这就是作为州长成功的范例。

参议员出身的代表人物之一是奥巴马,他是从参议员位置上竞选的总统,而且是资历较浅的参议员。

我们再往前看,前些年很多美国总统,要么当过参议员,要么当过州长。美国人讲究实际,他们认为州长就像公司的

CEO，有实际的领导能力；而参议员很多只是夸夸其谈，上台以后并没有多少真才实学，做不了实事。民众还认为，参议员们在华盛顿的沼泽里被污染过，充满了铜臭气。

州长竞选总统，既有优势又有劣势。劣势在于他来自地方，缺乏全国的关注度；优势在于可以高呼变革，高呼华盛顿那帮腐败的政客有多差，这样就能以清白之身入主白宫。

当然，除了参议员和州长之外还有其他的总统候选人，比如将军。

1812 年，英美爆发战争，英军一度长驱直入，将白宫一把火烧了，并一直打到新奥尔良。在新奥尔良，带领美军打败英国的一个将军叫安德鲁·杰克逊，他后来就成了美国总统。这人是个大老粗，当总统的时候任人唯亲，但依然人气高涨。没办法，人家是战斗英雄。

第二位战斗英雄是格兰特将军。格兰特在南北战争时期战功赫赫，后来也当了总统。格兰特晚年陷入财政危机，出版回忆录，靠稿费才避免破产。

二战后，最著名的军人总统是艾森豪威尔。艾森豪威尔将军曾组织诺曼底登陆，这一战可说是名垂青史。正因为他的战功以及温和的性格，很多人都喜欢他。因此在 1952 年总统大选时，民主党希望他加入民主党，共和党希望他加入共和党。艾森豪威尔无论加入哪个党，都铁定是总统，因为他这种全国性的名气、威望、资历，无人能比。这就是战功赫赫的将军在美国的影响力，由此可以看出美国人是很喜欢军人的。

美国人不仅崇拜将军，对普通的军人也充满敬意。我有一个朋友，曾经在一个餐馆看到一位军人进去吃饭，结果吃完要结账的时候，旁边一个老先生起来说你是为国家立功的，我已经替你把账结了。老爷子还说，你给国家做了这么多贡献，吃饭还需要自己掏钱吗？这背后，有美国崇拜英雄、崇尚武力的文化。

好多总统出自参议员、州长或将军，但这不是必然，也存在不少特例。不是说什么人肯定能当总统，什么人肯定不能当总统。比如说，林肯就不走寻常路，他先是当选众议员，后来竞选参议员并发表了赫赫有名的关于奴隶制的演讲，结果落选。一个连参议员都没当上的人，1860 年却代表共和党参加总统大选，结果还赢了。

这就是美国大选，一切都可能发生，一切都可以创造。

在美国大选的历史上有两个比较特殊的总统，一个是里根，一个是特朗普。

里根是一个好莱坞的二流甚至三流演员，一生演了 53 部电影，没有一部被大家记住，也没有一部获得奥斯卡奖，但他于 1980 年竞选总统，竟然成功了。

里根当总统期间干了不少事儿,最被人津津乐道的是他爱讲笑话,尤其爱讲关于苏联的笑话。他曾经讲过这么一个笑话:"三只狗在一起聊天,一只美国狗,一只苏联狗和一只波兰狗。美国狗说,咱们做狗的,只要会叫就有肉吃;波兰狗问,什么是肉啊?苏联狗问,什么是叫啊?"

里根不只会讲笑话,他当总统期间,一方面重振军威,一方面通过减税来刺激经济。有趣的是,特朗普的偶像就是里根。他的减税以及对外之强硬,在理念上正是学的里根。

特朗普也是个另类。他作为一个商人和政治素人,打破了美国一切潜规则和惯例,正因为这种背景,他执政期间的争议很大。喜欢他的人认为他带来了清新的空气;不喜欢他的人认为他打乱了既有的规则,让美国一团糟。

特朗普在打破既有规则的同时,也破坏了既得利益者的利益圈,这是一些精英坚决不让特朗普连任的原因之一。因为他就任后如同大象闯进瓷器店,让很多既得利益者非常不舒服。但这恰恰也是特朗普被许多普通民众喜欢的原因。

特朗普的争议不仅在美国国内,在世界范围内也是一样。研究美国大选,不能回避这个话题:为什么特朗普的人气这么旺?

特朗普曾经是美国最具知名度的房地产商之一,人称"地产之王"。他拥有纽约、新泽西州、佛罗里达州等地黄金地段的房地产，并创建了"特朗普梭运航空"，也是新泽西州"将军"职业足球队的老板。他在风景怡人的城镇兴建数幢豪华大厦，还购买了价值一亿美元的豪华游艇，并拥有私人飞机。

特朗普是个大嘴巴，经常说一些政治不正确的话。2016 年竞选总统时，他说："那些从墨西哥到美国来的非法移民都是罪犯、强奸者、坏人，我们应该把他们赶走。"这话如果希拉里来说，也许第二天就被民主党开除了，但特朗普说了之后支持率大涨数倍。

后来，他对穆斯林发起攻击，说不允许所有的穆斯林进入美国，以至于共和党领袖、众议院议长保罗·瑞恩说他不代表共和党主流价值观。这话极端组织听了很高兴，以此作为招聘的噱头，说你看吧，美国是个种族歧视的国家。

特朗普火爆的背后有着深层次的原因，可以说是社交媒体造就了特朗普。

电视出现之前的选举，大家通过收音机听候选人讲道理、讲故事，就像二战时罗斯福的炉边谈话，一点一滴地跟老百姓讲怎么抗击法西斯，大家很能接受。到了电视时代，表演就出来了。1960 年大选时，尼克松对阵肯尼迪，结果老牌政客尼克松输给了初出茅庐的肯尼迪。为什么输了呢？因为第一次电视辩论直播时，尼克松没有准备好，以苍老的神态出现在镜头中，头发没梳好，汗也出来了，形象很狼狈，尤其失去了不少女性选民的支持。

到了社交媒体时代，选举更加惊险，一个眼神、一句话、一个动作，都可能给自己带来民意上的巨大风险。因为传统媒体需要把关人，信息在经过专业媒体机构的过滤和把关之后才能抵达受众。这个机构是精英层，他们有着深厚的专业知识，无论左右，都共享一定的价值观，遵循一定的规则。

而社交媒体不需要把关，新闻的传播变样了。不再是精英记者编辑选择新闻后推送给受众，而是受众根据自己的喜好来选择言论。信息的传输不再是单向的，而是双向的。信息的获取也不再仅靠几家垄断性的媒体集团，而是以秒速进行自传播。

在这种背景下，行为乖巧、说话中庸不行；高高在上、咄咄逼人也不行。因此，2016年总统选举时，希拉里的竞选团队为她量身定做的就是邻家大妈的形象，而不是女强人形象。但结果是收敛过分，失去了自己的特色。而特朗普特立独行，敢于放言，获得了更多的关注。当然，知名度不等于美誉度，知道他未必就喜欢他，也未必就投票给他。但无论如何，在营造知名度这个环节，特朗普相当成功。

这是全世界一个共同的现象。尤其在选举的时候，怎么获得媒体关注是个难题。没有点儿奇谈怪论，还真抓不住眼球。就像我们以前说的"狗咬人"不是新闻，"人咬狗"才是。

支持特朗普的人，被戏称为"川粉"。那么，什么人支持特朗普？什么样的人容易成为川粉呢？

印度有一个叫布萨的农民，把特朗普奉为神，给他塑像，每天早晚拜一拜。特朗普2020年大选期间得新冠后，布萨痛不欲生，以绝食来表达自己的哀痛。绝食后没多久，突然发病死亡。

这是极端的川粉，也是一个具有代表性的群体——印度的穷苦农民。同样，美国的农场主也是特朗普的热情支持者。在中西部一些州，中心城市是民主党的地盘，而乡村是共和党的地盘。

农场主、没读过大学的人、铁锈带的工人、混得不好的白人，这些是典型的特朗普支持者。他们不仅没能从全球化中受益，反而失去了工作机会。我在密歇根州的底特律、明尼苏达州的明尼阿波利斯，都目睹过当地白人那种浓浓的失落感。所以，当特朗普说"美国第一""我要把工作机会给你们带回来"的时候，这些人自然会义无反顾地予以支持。

当然，有支持特朗普的，就有反对特朗普的。特朗普不仅造成了美国白人的分裂，还造成了华人世界的分裂。

如果说美国人因为特朗普而分裂，是为了选票，是为了自身利益,是为了美国的灵魂和未来,那么,部分华人不遗余力地支持特朗普,究竟是为什么呢?

第一,中国人的文化心理是感性的,讲究为尊者讳。华人"川粉"现象的出现是感性的产物,我们这个民族是喜欢或习惯于感性思考的,因为中国没有经历过西方文艺复兴或理性主义那样的时代。

"川粉"现象古已有之。在四大名著之一的《水浒传》里,宋江就像特朗普一样,名声在外,拥有粉丝无数。在柴进的庄园,他酒后踏翻了武松取暖的炭火,武松挥拳就打,可听说是宋江,就纳头下拜;宋江入狱,牢头李逵本来要打,一听是宋江,立即喊大哥;矮脚虎王英、燕顺等人捉住宋江,本来要挖心,可听到是宋江,立即松绑,奉为上宾。这种见人下菜碟的 180 度转折,是不符合常理的。这就是中国人传统思维的体现。在名声、义气、情感面前,对与错是可以忽略的,原则是无须遵守的。尽管宋江这个黑三郎又矮又黑,但在李逵这样的粉丝眼里,也必须为尊者讳。

很多华人川粉把这种思维用在了特朗普身上,不能容忍批评特朗普的声音,更不能允许说他要失败了。

第二,这些年阴谋论过于流行。备受争议的 2020 年美国大选有瑕疵吗?当然有,对选举资格的认定,对投票截止日期的认定,邮寄带来的问题,以及电脑的故障,这都是事实存在的。但可以据此就说有集体性的大规模造假舞弊吗?我不这么认为。

美国大选,是玩了200多年的游戏,各种规则是经过实践考验的,是非常精细的。选票造假、选票箱弄两层这种事儿,当年确实发生过。我曾经在华盛顿历史博物馆的大选展览上,看过历史上的各种造假。但这些都是个案,不是集体行为,而且每次都及时纠正,从制度上予以完善。

除非民主党疯了,才会自上而下的集体造假。在那么多人讨厌特朗普的情况下,民主党只要提高投票率(Turn-out Rate),赢面就非常大了。因此,在认定合法选民方面可能存在瑕疵,但他们没有理由、也没有必要集体舞弊。一言以蔽之,不值得。今年即便输了,四年后还可以卷土重来。这是一个四年一度的游戏而已。

然而,有些人习惯了阴谋论。看中国历史,实际就是一部各种阴谋诡计的历史。因此,我经常建议朋友在读世界历史之前不要浸淫太多中国古代历史,否则会让人阴鸷。美国大选那套玩法,早已驾轻就熟,双方都派人同时在场,大规模舞弊非常困难。动辄拿中国历史的阴谋论去套,如南辕北辙。

如果对美国有基本的了解,就应该知道他们有独立的法院系统,法院讲究证据,法院的判决为最终判决。

第三，缺乏逻辑训练。如果稍微留意一下中文网络里关于特朗普必胜的消息，就会发现漏洞百出。一个无名的小号，没有任何出处，就大谈各种民主党的舞弊，给人的感觉是CNN、《纽约时报》掩盖了事实，只有他那里才是权威报道。稍微用脑子想一想就知道，即便多么不喜欢美国媒体，也不要觉得一个中文自媒体号能就美国大选发出比《纽约时报》更客观的报道。

这就是基本的逻辑训练：一个消息，要看谁写的，来源是哪里，英文出处在哪里，是来自左派媒体还是右派媒体，有无其他消息源可以印证。而这些，川粉都不在乎。他们只要看到对特朗普有利的消息，就相信，就兴奋，就转发；看到不合他们胃口的，就屏蔽，就谩骂，就打压。

第四，对权力赤裸裸的崇拜。这么多人喜欢特朗普，到底喜欢他什么？

特朗普上台，做到了竞选承诺的73%，这在美国总统里算是了不起的。在政客中，他也是干实事的人。他的减税政策以及把工作带回美国的举措，也是颇得人心的。

此外，他的最大特点在于他是成功人士：毕业于宾大商学院，做过百亿资产的大老板，做过电视台的明星，做了世界第一强国的总统，拥有美丽的妻子和更美丽的女儿。

如此的人生赢家，如此有权力，关键是还可以如此肆无忌惮地使用权力,看谁不顺眼(如他自己选的国务卿蒂勒森),立马炒鱿鱼,谁和自己立场不同,立即开除。这种权威感和力量感,这种一言九鼎的态势,恐怕是特朗普最让川粉羡慕的地方了。或许,他们希望自己有朝一日也能如此。

第三节 美国大选地图

翻开美国选战的政治分布图,一个突出的印象就是"金角银边草肚皮"。

金角是指美国东北部,那是美国文化的策源地,包括马萨诸塞、康涅狄格、纽约、宾夕法尼亚等州,民主党的根基不可动摇;银边就是西海岸的几个州,包括加利福尼亚州、俄勒冈州和华盛顿州,是民主党的票仓;而肚皮就是中西部、西部非沿海地带的广袤内陆地区,均为共和党所占据。

这块大肚皮里,有些州是摇摆州,其中最著名的就是密苏里州。

密苏里州早期为印第安人聚居地。1673年,法国探险家马尔凯特和若利勘察密西西比河,发现了密苏里河口;1735年,法国人在密苏里建立第一个永久居民点；1803 年，美国从法国手中购得土地所有权；1821 年加入美国联邦，成为美国第 24 个州。

该州位于大西洋和落基山脉之间、加拿大和墨西哥湾之间，几乎处于全美的几何中心，是从东到西、从北到南的交叉点，被称为"通往西部的大门"。

1904 年至今的美国总统选举中，赢得密苏里州的候选人几乎都当上了总统。只有两次例外，一次是 1956 年选举，一次是 2020 年选举。1956 年，获胜的艾森豪威尔在密苏里州仅以 0.22％的劣势输给了民主党候选人亚德莱·史帝文森。历次选举中，两党候选人在密苏里州的得票率和他们在全美国的得票率相差不多。因此，密苏里州一向被政治学者视为美国总统选举中最具指标性的关键摇摆州之一。密苏里州的投票结果也可以大致反映全美国的民意倾向，这个现象在政治学上被称为"密苏里前导者现象"。用中国老百姓的通俗说法，密苏里州有龙脉，这里能探测出谁是真命天子。

这一现象的形成跟密苏里州的地理位置有密切关系。

密苏里州在地理上位于美国的中心点，美国的西部开发以密苏里州东部的重要城市圣路易为起点。这座城市一直被视为"最西边的东岸城市"。而另一座大城市堪萨斯市（Kansas City）则一直被视为"最东边的西岸城市"。由于独特的地理位置，美国不同的文化和思想容易在这里交流。密苏里人可谓见多识广，既知道保守派想什么，也知道自由派想什么，所谓兼听则明。他们更温和，对社会议题的看法以及政治倾向和美国民众的主流意见相差不大。因此，密苏里州民众的投票倾向容易成为全美民众投票倾向的缩影。

位于密西西比河西侧的艾奥瓦州也是摇摆州，2000年民主党候选人戈尔在该州险胜，2004年布什卷土重来，赢取该州。2012年奥巴马在该州取得胜利，拿到6张选举人票。

在两党竞选轨迹中，艾奥瓦州的重要性非比寻常，每年的党内初选，就是在这个小州启动，能否取得开门红，对局势的发展起着指标性作用。2008年1月，民主党初选，奥巴马在该州以黑马的姿态战胜希拉里，全美舆论才开始重视这个年轻人所刮起的变革之风。2016年初选，特朗普在艾奥瓦落败，希拉里则是险胜。

艾奥瓦州是个小州，以农业为主，面积只有14.5万平方公里，人口近300万。但每到选举年，这个小州就会发挥出远超其人口面积比例的影响力。

艾奥瓦州的这种影响力不是法律规定的，而是在历史中形成的。20世纪70年代之前，艾奥瓦州的初选一直没有受到民主党和共和党的重视。如今，艾奥瓦州的竞选活动以其"零售式"的选民见面会著称。这种见面会通常在小镇上的体育馆、学校等公共场所举行,参加者往往仅100多人,但政治家能充分接触选民,和选民进行面对面的交流。

1972年大选期间,民主党全国代表大会定于5月20日举行,艾奥瓦州初选定在了1月24日。同年,原本默默无闻的民主党总统竞选人麦戈文在艾奥瓦州初选中胜出,一举成名,声势大振,最后赢得了民主党总统候选人初选。尽管他以史无前例的方式惨败给尼克松,但艾奥瓦州收获了果实,开始受到两党关注。1976年,共和党参照民主党的做法,将初选设在同一天召开。自此,艾奥瓦州成为领跑美国大选初选的第一州。

对艾奥瓦州来说,初选第一州的地位不只是虚名,还会带来实实在在的好处。由于最早举行初选,候选人对于艾奥瓦州选民关注的经济、医疗等诸多问题往往十分关注,也因此得到了民主党和共和党竞选人非同寻常的投资和重视。

这样的好处,自然让其他一些州眼红。近年来,先后有多个州通过法令,提前其总统大选的初选日期,试图成为美国初选第一州。

佛罗里达州将初选日提前到1月15日,密歇根州则提前到1月29日。为了保住初选第一州的地位,艾奥瓦州展开了一场保卫战。开始时先静观各州提前初选的具体日期,等到各州确定初选日期后,再决定将该州的初选日定为 1 月 3 日。

艾奥瓦州北部的明尼苏达州也有些摇摆不定。明尼苏达州聚集着北欧白人后裔,有着很强的社会主义运动史和社会福利政策,被看作是加拿大的延伸,向来是民主党的"铁州"。1984 年共和党里根和民主党蒙代尔竞选,美国大陆一片"红"色,唯有明尼苏达屹然独"蓝",可见一斑。可是,出于白人绝对多数,近年来该州也逐渐变"红",成为两党的"战场州"之一。

明尼苏达州东部的威斯康星州也是摇摆州,2004 年,民主党候选人克里在该州击败布什,领先仅仅 0.4%,在当年的美国总统大选中是两党差距最小的州。

当然,最著名的摇摆州是佛罗里达,2000 年弄到要重新计票选总统的程度,佛罗里达人民到现在都认为布什的总统是偷来的。

摇摆州决定着总统归属,这已经成为惯例。我们再换个角度,看看哪个州出的总统多,以及背后有什么原因。

美国共有 50 个州,所有总统都出自美国的 21 个州,也就是说有 29 个州根本没出过总统。这 29 个州大多数在西部,在美国建国时并不存在。

从"开国总统"华盛顿到 2021 年第 46 任总统拜登,共有过 46 任 45 位总统。他们的出生地大部分集中在美国东部大西洋沿岸那些最早独立的殖民地州,稍后逐渐向中东部几个州及中心部分一些州扩展,然后呈扩散状到本土外围。而广袤的中西部、西北部大平原州及落基山脉各州,几乎没出生过一位美国总统。只有西岸的加利福尼亚州和南方的得克萨斯州有总统出生在那里。

出生于弗吉尼亚州的总统最多,共 8 位,其次为俄亥俄州 7 位,纽约州 5 位,其中就包括任期最长的富兰克林·罗斯福总统。

弗吉尼亚州出过的 8 位总统,分别是乔治·华盛顿、托马斯·杰斐逊、詹姆斯·麦迪逊、詹姆斯·门罗、威廉·亨利·哈里森、约翰·泰勒、扎卡里·泰勒和伍德罗·威尔逊。其中,建国初期的美国前五位总统,有四位出生于弗吉尼亚州,可以说,弗吉尼亚州是美国的帝统之源。有趣的是,现代美国史上基本上再也没有来自弗吉尼亚州的总统了,这可能与内战中弗吉尼亚州属于南方同盟有关系。

俄亥俄州出过 7 位总统:尤利塞斯·格兰特、拉瑟福德·海斯、詹姆斯·加菲尔德、本杰明·哈里森、威廉·麦金利、威廉·霍华德·塔夫脱和沃伦·哈丁。

纽约州出过 5 位总统:马丁·范布伦、米勒德·菲尔莫尔,西奥多·罗斯福、富兰克林·罗斯福和唐纳德·特朗普。

　　马萨诸塞州出过4位总统:约翰·亚当斯、约翰·昆西·亚当斯、约翰·肯尼迪、老布什。

　　东北部的马萨诸塞州(即麻省),是美国独立战争的发源地,素有"美国灵魂地"之称,绰号"老殖民地"。美国最早的"父子总统"——开国元勋、第二任总统老约翰·亚当斯及其儿子、第六任总统小亚当斯皆来自该州。美国历史上最年轻的总统约翰·肯尼迪也出生于马萨诸塞州。

　　新英格兰地区北端的佛蒙特州,东南部的北卡罗来纳州,南部边陲得克萨斯州,都各出过两位总统。分别是:切斯特·阿瑟和卡尔文·柯立芝;詹姆斯·波尔克和安德鲁·约翰逊;德怀特·艾森豪威尔和林登·约翰逊。宾夕法尼亚州也出过两位总统:詹姆斯·布坎南和拜登。

　　中部肯德基炸鸡的故乡肯塔基州,是亚伯拉罕·林肯的故乡。林肯是第一位来自非大西洋沿岸州的总统。

　　美国西海岸经济强劲。人口最多的加利福尼亚州出过唯一一位美国总统尼克松,他是第一个访问中国的美国总统,也是第一位辞职的总统。

　　阿肯色,这个位于中南部的平凡小州,因为第42任总统比尔·克林顿让很多人知道了它。

　　吉米·卡特(1924年出生)是第39任总统,来自乔治亚州,他也是在世最久的总统。

好莱坞出身、被认为执政期间拖垮了苏联的罗纳德·里根总统,出生于中北部名城芝加哥所在的伊利诺依州。

美国中西部大草原及落基山脉绝大多数州,地广人稀,是总统生长的空白区。

远离美国本土、坐落于太平洋中心的夏威夷州,石破天惊,出了美国历史上第一位非白人总统——巴拉克·奥巴马。他2008年当选,2012年成功连任。

美国四方形的本土四个角:东北的缅因,西北的华盛顿,西南的亚利桑那,东南的佛罗里达,都没有总统出生。中西部相连16个州,占本土总面积65％的地域,也没出过任何总统。

第四节 大选与金钱

大选离不开钱。

美国大选中,候选人的竞选资金主要有四个来源:一是选民直接捐款;二是候选人自掏腰包;三是政党支持;四是"肥猫(Fat Cat)"。

在美国,肥猫又被称为天使或土豪,是指那些能给政党捐出大额金钱的人。这个词最先出现在 20 世纪 20 年代,当时美国正在经历柯立芝总统治下的繁荣,大公司无所不能,只手遮天。作家弗兰克·肯特(Frank Kent)给杂志投稿,写下《肥猫和搭便车》一文。他说:"肥猫有钱却没有政治经验,人在中年,商务成功,前景一片光明,心满意足之感油然而生,此刻,他们期待着寻求社会的认可,必要时,愿意花钱买来荣光。政治机器需要他们,也可以给他们提供所需的一切。"

《纽约时报》的话就没这么文雅了,它说肥猫是极度腐败的竞选财政系统漏洞百出的象征,在美国人眼中,这些人用金钱购买额外的影响力。还有人把他们称为"天使",当然,他们是候选人的天使,不是百姓的天使。

无论对于民主党还是共和党,这些肥猫都起着举足轻重的作用。1928 年恰是经济危机来临前的声色犬马年代,当年的总统大选,民主党 69.7% 的款项、共和党 68.4% 的款项,来源于 1 000 美元以上的捐赠者。可见,两党在获得有钱人支持方面没有多大差别,不如叫他们民主共和党。

1 000 美元是什么概念呢? 今天,1 000 美元可以保证一个月衣食无忧;而 90 多年前,1 000 美元足可以供一个人安安稳稳地生活一年。

其实,肥猫不是从 20 世纪 20 年代才开始的,从美国建国时起,金钱与政治就密不可分。这是人类的宿命,哪个国家不是如此呢?

刚获得独立的美国,百废待兴,华盛顿众望所归,无须筹款。这位开国元勋在打败英军后,告诉他的士兵们,战争结束了,你们回家吧,该干吗干吗。他自己也铸剑为犁,回到弗吉尼亚的庄园过了几天舒坦日子。不过,国家需要总统,他还是被请了回来,以前无古人、后无来者的全票当选成为美国第一任总统。

他退位后,连续几任总统都是开国者,名声在外,竞选时的支出不过是选举日给选民提供点威士忌。早在 1777 年,詹姆斯·麦迪逊曾竞选弗吉尼亚州议员失利,他抱怨说,失败的原因是他拒绝提供酒水。后来的政客们可没有宪法起草者麦迪逊这样有风骨,他们干脆采取最直接的手段——购买选票。那时,纽约市的均价是 5 美元一张,偶尔也会达到 30 美元的高价。

我们知道,安德鲁·杰克逊将军在 1824 年因遭人算计而失败,四年后卷土重来,大获全胜;我们当然也知道,胜利不是白来的,花样百出的竞选活动都需要花钱,也需要人帮衬。于是乎,上台后的杰克逊大肆加封功臣,还放出豪言,和我没关系的人凭什么让你做官。不过,杰克逊对东部银行家恨之入骨,坚决关闭了第二合众国银行。银行家们自然不会善罢甘休,1832 年大选来临前,他们拿出 4 万美元的预算,准备阻止杰克逊连任。

19 世纪 50 年代,也就是美国南北战争前夕,共和党人西蒙·卡梅隆发明了"宾州理念",明确提出用大公司的财富确保对国会的控制。那时,政党领袖们四处放风,说将要通过对大公司不利的法案,公司只有出钱才能阻止法案通过。

1888 年大选,共和党主席、宾州参议员斯坦利·奎伊从老家的制造商手里筹集到总统竞选费用的 40%,从而把本杰明·哈里森送入白宫。大选获胜后,哈里森拉着奎伊的手真诚地说:"上帝给了我们胜利!"奎伊后来对一位记者说:"他应该清楚,上帝他妈的跟这件事有什么关系!哈里森永远也不会知道,许多人为了让他当上总统差点被迫进监狱。"哈里森就任后,发现自己只是个傀儡,连任命内阁官员的权力都没有,因为他的政党领袖为了筹集选举开支,已经把全部职位都卖掉了。

以民有、民治、民享演讲而闻名世界的林肯总统,也同样需要金钱的支撑。1858 年,他竞选参议员,搞得倾家荡产,只好重操旧业,干起律师。大挣一笔后,林肯买下伊利诺伊州的一家报纸,用作自己 1860 年竞选总统的工具。经过这张报纸的宣传,林肯得到了费城和纽约两大城市大商人的资助,这才有了竞选的本钱。

《纽约时报》曾形容"肥猫"是美国政治献金制度的黑洞,民众则把他们看作"权力的受益者",他们通过金钱掌握话语权,影响政策制定,甚至能否决总统的任命。

尼克松"水门事件"爆发后,为防止富人们操纵选举,1974年的《美国联邦选举竞选法》对政治献金做出了严格规定,每个人、每次选举向候选人捐款不得超过2 700美元,个人在一次选举中为政党捐献的钱不得超过2万美元。"肥猫们"似乎不能再肆无忌惮地向候选人下大手笔了,尽管如此,"肥猫们"依旧能通过各种方式向自己中意的候选人捐款。

2007年4月2日,美国联邦最高法院以1974年的竞选法案违反宪法中的公民言论自由权利为由,取消了个人对联邦候选人及政党参与竞选活动最高捐款总额的上限。民众的愤怒则与日俱增,他们觉得总统是个摆设,控制美国的是华尔街那些肥猫。

肥猫人人喊打,民众怨声载道,于是,有人打起了普通民众的主意。

2008年大选时,筹款大战提前打响。2007年第一季度,希拉里·克林顿总共募得约2 600万美元,奥巴马紧追其后,以2 500万美元居第二。加上后来退选的爱德华兹,民主党候选人一个季度捞到了7 800万美元,而共和党候选人只有5 100万美元。

怎么会这样？共和党不一直都是大资本家的代表吗？怎么在捞钱的时候反而落后于民主党？

这种情况的确罕见，这是1974年以来民主党首次在总统大选初期募款所得超过共和党。

我们说人多力量大，可在美国总统大选期间是钱多力量大。公布筹款数目，是信息公开的需求，也是震慑对手、吸引选民的必要之举，媒体都嫌贫爱富。

奥巴马靠小额捐款积攒了经费之后，包括《时代周刊》在内的主流媒体都开始吹捧奥巴马。这一吹，钱来得更容易了，因为选民都希望给胜利者投票，筹款多的人引发媒体关注，从而吸引了更多的捐助者，于是乎形成一个正循环。这笔启动资金被美国政治学者们形象地称为"势头款"。

从捐款的详细情况，能看出候选人的支持者是富人还是穷人。希拉里的募款策略设定在拉到大笔的捐款，尤其针对那些捐款超过1 000美元的"大款"。反观奥巴马，则直奔基层选民，约有10万人通过互联网捐款给奥巴马阵营，总额高达690万美元。这就是说，有钱的美国人青睐希拉里，穷人站在奥巴马身后。

2007年，由于初期筹款一鸣惊人，以改革新风赢得人气，奥巴马财源滚滚。一年后的2008年4月，奥巴马在竞选态势上咄咄逼人,希拉里苦苦支撑危局,拒不投降。此时的财务状况也和二人的选战一样高下有别——希拉里负债运营,奥巴马钱多不愁。2008 年 4 月初,奥巴马还有 4 200 万美元存在银行备用,而希拉里只剩下了 930 万美元。关键是希拉里还欠债 1 000 万美元,债主也被神通广大的美国媒体一清二楚地抖搂出来。原来,希拉里最大的债主叫马克·佩恩,曾经是她的首席战略顾问,其次是一家叫 Spoken Hub 的电话银行运营商。

当时,很多人担心希拉里能否拿出钱来还债。希拉里则信誓旦旦地说,不论欠谁的,也不论欠多少,我们保证会偿还,言辞恳切,令人动容。

其实,赤字是小事,财源枯竭才是大事。整个 2008 年 3 月,奥巴马筹款 4 100 万,是希拉里的两倍。奥巴马在这个月里花掉了 3 060 万,而希拉里只花了 2 200 万。不过,虽然没钱万万不能,有钱也不是万能的,在生死攸关的宾夕法尼亚州,奥巴马的花费是希拉里的 3 倍,可还是输掉了比赛。

纵观 2008 年第一季度,奥巴马以 1.32 亿美元的绝对优势领先,这个数额超过了 2007 年全年的筹款数,希拉里则以 6 850 万美元屈居第二。而共和党候选人麦凯恩虽然早早获得提名,但筹款方面并不乐观,只拿到了 3 800 万美元,好在他可以悠哉游哉地看民主党人龙虎斗,自己有 1 000 多万美元放在银行里。

利用互联网筹款可以说是奥巴马的首创，可采取"蚊子也是肉，再少也不嫌少"的策略，却不是他的专利。

1964 年，共和党候选人戈德华特（Barry Goldwater）对阵民主党候选人林登·约翰逊，虽然最终失败，但他通过直接邮寄信件的方式，从 41 万名捐赠人手里筹集到 580 万美元。第三党候选人乔治·华莱士筹集的款项中竟然有四分之三是面值不到 100 美元的票子。

1972 年，民主党候选人麦戈文（George Mcgovern）获得的 1 500 万美元，来自 70 多万不同种族的支持者，人均捐款只有 20 美元；共和党人尼克松的钱则来自大户，51 位百万富翁捐赠了 600 万美元，其中克莱门特一人就给了 200 万美元。

历史昭示，这些靠小钱捐助竞选总统的人，无一例外地以失败告终，不过，2008 奥巴马改写了美国的历史。可 2016 年的桑德斯却不那么幸运，从 2015 年 4 月 30 日到 2016 年 3 月底，他整个竞选的筹款总额已经高达 2 亿多美元，超过了希拉里，但仍无法赢得比赛。

桑德斯主打的就是"本次大选中唯一一位没有 Super PAC（超级政治行动委员会）的参选人"，在他的标志性筹款邮件上总是写着"不是亿万富翁付的钱"。

他的筹款多为小额、重复捐款．以 2016 年 3 月为例，为他捐赠的人数超过 90 万,而捐赠人次为 170 万次,每次捐款平均值为 26.20 美元。华尔街日报的统计显示,2016 年 2 月底,桑德斯收到的捐款中,额度为 200 美元以下的捐款比例是 56％,同时期希拉里的比例仅为 21％,而 2008 年同时期奥巴马仅为 28％。

如此看,桑德斯老先生把众筹成功地用于捐款,并创造了粉丝经济,可惜,因为年龄太大、政策太激进,功败垂成,没能取得突破。

第五讲　美国的外交

　　谈美国的外交,离不开美国的历史。有人喜欢说美国是个年轻的国家,只有不到 300 年的历史。可从美国的外交脉络和思想看,它有着深厚的历史传承。

　　和美国的思想一样,美国的外交也深受古希腊和古罗马的影响,这是整个西方思想的渊薮,外交也不例外。古希腊的外交核心思想在于结盟,各个城邦国家不像东方一样统一成大的帝国。面对外敌,他们形成同盟来保卫自己。到今天,欧洲形成了各国让渡部分主权的欧盟,而美国则拥有超过 30 个国家组成的世界范围内的同盟。和古希腊不同,罗马从共和国成为帝国,今天的美国和罗马帝国相似度极高。外交方面,罗马要确保自己是第一,对于迦太基这样的强大对手坚决给予无情的打击,对于任何有可能成为第二的国家,也是坚决防范,毫不手软。

美国的外交思想,还深受英国的影响。作为称霸世界300多年的帝国,英国留下了诸多世界治理和外交的遗产。其中特别重要的包括均势、制衡等策略。英国是个岛国,对欧洲采取均势策略。如今,从世界地图上看,美国在两大洋的包围下也像是一个岛屿,它对崛起的印太地区也是采取制衡策略,用拉盟友围堵对手的办法维护自己的领导地位。

第一节　美国外交概述

美国外交是指美国与世界其他国家、国际组织、企业和其他公民等交往的方针政策、过程和形成的关系。根据美国国务院的说法,美国外交的目标是要建立和维持一个更民主、更安全和更繁荣的世界,以实现美国的利益和国际社会的共同利益。当然,这种官方说法和实际作为,大相径庭。美国外交的理念和政策,从维基百科有关词条里可以略知一二。

美国独立后,外交政策从一战前后的"不干涉主义"转向了二战期间直至冷战结束的致力于成为世界大国并维持全球霸权。19世纪以来,美国的外交政策被视为从现实主义转向了理想主义或威尔逊式外交学派。二战后，更是在理想主义和现实主义之间切换，在单边主义和多边主义之间徘徊。

美国的外交，大致可以分为四个阶段。

第一阶段，从建国到门罗主义的出炉。

美国建国之初，只有 13 个大西洋沿岸的殖民地，相对弱小，但野心不小。

外交政策这个主题，早在乔治·华盛顿的告别演讲中就有充分的论述：对所有国家保持诚意与公正，并与所有国家一起培育和平与和谐，避免"针对特定国家的顽固反感和对其他国家的热情依恋"，"避免与任何外国势力建立永久的联盟"，并倡导与所有国家进行贸易。这些政策成为 1790 年代联邦党的基础，但与之相反的杰斐逊主义者忌惮英国，在 1790 年代支持法国，并宣布了 1812 年的对英战争。

杰斐逊主义者激烈反对国家保持庞大的常备军和任何海军，不过，美国船只遭遇海盗侵扰后，美国开始迅猛发展海军力量，并于 1801 年进军北非，发动了第一次巴巴里战争。

之后，门罗担任总统，美国借助反帝口号，呼吁美洲国家独立，其一方面具有正义性，另一方面也有霸权思想在内。

门罗主义发表于 1823 年，表明了美利坚合众国当时的外交政策：欧洲列强不应再殖民美洲，或涉足美国与墨西哥等美洲国家的相关事务。而对于欧洲各国之间的争端，或各国与其美洲殖民地之间的战事，美国应保持中立。相关战事若发生于美洲，美国将视为具有敌意的行为。一言以蔽之，门罗主义的要旨在于美洲是美洲人的美洲，或者说美洲是美国人的美洲。这一理念一直延续至今。

门罗主义提出后，欧洲自身斗争不止，各国矛盾重重，没有太激进地卷入美洲事务，美国也忙于自身的发展，不想介入旧大陆的事务。一直到美国内战前，美国都是通过交易买地，谨慎发展和欧洲的关系。

这期间，美国国土面积迅速扩大。1803 年路易斯安那购买案使美国领土扩大了一倍，西班牙在 1819 年割让了佛罗里达，1845 年美国吞并了独立的得克萨斯共和国，1848 年在与墨西哥的战争中获得了加州、亚利桑那州、犹他州、内华达州和新墨西哥州。

第二阶段，从内战到 1917 年出兵参加第一次世界大战。美国内战结束后，经济得到整合，进入大飞跃、大发展阶段，经济实力在 20 世纪末成为世界第一。这个过程中，美国一直韬光养晦，没有急于在世界上称霸，但扩大领土的努力没有停止，甚至不惜动用武力。

整体而言，这一时期美国外交政策的特点是以对外贸易的稳定、扩大为基准。1867 年从俄罗斯购买了阿拉斯加,1898 年吞并了夏威夷王国,同年击败西班牙,获得了波多黎各和菲律宾,并得以监管古巴。随后,美国又将注意力转到了巴拿马运河和美国南部国家的稳定上。

美墨战争和美国侵略夏威夷两场行动巩固了美国在美洲的地位,之后美国忙于西部大开发和对各殖民地的经营,较少干预欧洲事务。美国外交以殖民地的商业利益为驱动,在商路受损时才会出兵海外。

这段时期对于中国人而言有一个特别熟悉的词:门户开放。1899 年,美国提出门户开放政策,即承认各国在中国的"势力范围"、租借地和既得利益,各国所属口岸和铁路对一切船只货物通用现行中国约定关税率,并按同一标准收取路费。主张保持中国领土和行政的完整,维护各国在中国各地平等公正贸易的原则。简而言之,它主张机会均等、利益均沾,其实质是分享各国在华权益,凭借自己强大的实力击垮对手,以便独占中国。

这一政策表面是美国提出,实际是英国人认为这样符合自己的利益,但不便明说,于是找到美国人帮忙,向清政府提出的。

第三阶段,从一战、二战到冷战。这是美国外交的一段彷徨期。威尔逊参加巴黎和会,提出成立国联的建议却被美国国会否决,抑郁而终,美国也回到了孤立主义。二战期间,因日本偷袭珍珠港,罗斯福终于找到了摆脱孤立主义的理由,加入战团。靠着强大的生产能力和战斗力,战后成为超级强国。

一战中威尔逊总统的"十四点计划"是在他宣扬民主、反对军国主义以结束战争的政治纲领基础上发展起来的。它成为德国停战(实际上是投降)和1919年巴黎和平会议的基础。

巴黎和会上,美国与每一个对手签署了单独的条约,不过,由于参议院的反对,美国从未加入过威尔逊倡议建立的国际联盟。20世纪20年代,美国走上了一条独立的道路,成功地实施了一项海军裁军计划,并为德国提供了缓解赔款压力的政策。独立于国际联盟之外,使美国成为国际外交事务中不可忽视的力量。

这段时间,纽约成为世界金融中心,但1929年的经济危机将西方工业化世界带入了大萧条。随之而来的是美国在罗斯福新政下忙于修补国内经济,对外则采取孤立主义政策。1932年至1938年,美国采取了不干涉主义的外交政策,但当时的罗斯福总统在对德、日的战争中支持盟国。经过激烈的内部辩论,美国树立了成为"自由民主世界的武器库"的国家政策,即在不派遣美国作战部队的情况下为盟军提供资金和装备。

在大西洋会议上,罗斯福和盟友建立了战后世界的规则,大西洋宪章中包括纠正此前国际联盟失败的教训,成为迈向联合国的一步。美国的亚洲政策是威胁日本并迫使它退出中国,也防止它攻击苏联。然而,日本在 1941 年 12 月对珍珠港发动了偷袭,美国与日本、德国、意大利进入了战争状态。

美国向盟友提供的不是第一次世界大战期间的贷款,而是 500 亿美元的租借赠款。罗斯福与丘吉尔和斯大林密切合作,把军队开进太平洋对抗日本,并在北非对抗意大利和德国,后来在 1944 年从法国和意大利进入欧洲对抗德国。最终,盟军获胜,德日法西斯垮台。

第四阶段,冷战后至今。冷战结束后,美国国内一度非常乐观,甚至出现了历史已经终结的说法。然而好景不长,9·11 后的两场战争让美国负债累累,经济实力也不再一枝独秀。美国作为唯一的超级大国,虽然知道衰落是难以避免的,却还是拼尽全力维护自己的国际领导地位。

这段时期的美国外交,大致以价值观外交为导向,原则上认同政治普选制的国家结盟,但实践过程中却秉承实用主义原则,在国家利益上采取双重标准。表面上,美国宣称普选式民主将改善世界,实际上对中东诸多产油国的君主制长期不发表意见,而对拥有领导人选举制的俄罗斯和伊朗等国进行打压,对于亲美势力的武装政变和屠杀也常淡化处理。因此,美国推广其价值观的目的是要制造更多附庸,获取经济和军事利益。

2008 年金融危机后,美国发觉中国崛起的趋势超乎想象,并将之视为威胁,开始了重返亚太的外交战略,先后激化钓鱼岛纠纷事件和南海争端作为介入点,并放松了日本战后体制的非军事化制约。但之后的克里米亚事件和"伊斯兰国"使美国再次分心欧洲和中东。

2018 年美国总统特朗普任内发动了中美贸易战,目标针对"中国制造 2025"计划,中美关系持续紧张。2021 年拜登接任美国总统,两国关系并未出现改善迹象。

第二节 美苏争霸与冷战

说起美国外交,大家最熟悉的可能就是美苏关系和冷战。美苏关系很复杂,要从十月革命开始讲起。对于美苏冷战,从沈志华先生的作品里,可以清晰地看到其背景和复杂性。

1917 年,一战如火如荼之际,俄国国内爆发十月革命,随后俄国宣布退出一战。当年 11 月至 1922 年 10 月,俄罗斯爆发内战,交战双方是布尔什维克红军和由反布尔什维克力量组成的联合力量白军。此时,美国出于自身的利益考虑,对白军提供了各种形式的援助。与此同时,美国还对苏维埃俄国实行禁运,甚至策划了一系列针对苏俄的隐蔽行动。1918 年 8 月,美军在符拉迪沃斯托克和阿尔汉格尔斯克登陆,直接出兵干预俄国内战。

俄罗斯内战的结果是布尔什维克赢得了最后的胜利。1922 年 12 月,俄罗斯、白俄罗斯、乌克兰和外高加索等苏维埃社会主义共和国合并,成立了首个以社会主义为理念的国家联邦——苏联。此后,美国与苏联长期处于对立状态,没有任何外交关系。

美国受到经济大萧条的沉重打击后,不得不放弃意识形态偏见,改变对苏态度。苏联也抓住良机和美国进行经贸往来。1929 年,苏联在最高国民经济委员会建设委员会下设立专门机构,负责设备、技术和人才的引进。

1931 年,美国出口的机器设备中,50％卖给了苏联。苏联的三大钢铁厂都是美国援建的,最大的第聂伯河水电站是引进美国技术设备、雇用美国技术专家于 1933 年建成的,著名的高尔基汽车厂也是由美国福特公司援建的。

正是在美国和其他西方资本主义国家的技术支持下,苏联完成了第一个五年计划,一跃成为工业国家。

面对经济危机,各国选择了不同的应对策略。德国和意大利的选择是纳粹化,美国和苏联都感受到来自纳粹的威胁。基于对现实的考量,1933 年 11 月,美苏建立了全面外交关系。

1939 年 8 月,苏联和纳粹德国签订了《苏德互不侵犯条约》。9 月,纳粹德国和苏联同时入侵并瓜分波兰,二战爆发。1939 年 11 月,苏联入侵芬兰。1940 年 7 月,爱沙尼亚、拉脱维亚、立陶宛被苏联红军占领并强行并入苏联,苏联还强行让罗马尼亚割让了摩尔多瓦。

面对苏联入侵东欧国家、扩张领土的行为,美苏关系陷入紧张状态。1939 年 12 月 14 日,国际联盟做出了开除苏联的决议,并倡导国际社会对芬兰实施援助。美国尝试在苏联和芬兰之间进行调停,被苏联拒绝。最终,美国给予芬兰 3 000 万美元的贷款援助。

1941 年 6 月 22 日,德国发动"巴巴罗萨"行动,不宣而战入侵苏联,苏德战争爆发,苏德战场也成为二战中欧洲的主战场。为了在苏德战场上让苏联牵制住大量德军主力,仇视苏联的英国也"摒弃前嫌",和苏联签订了互助条约。二战初期,因为国内孤立主义的制约,美国没有参战,但罗斯福总统为了给同盟国提供战争物资,颁布了《租借法案》。因为英国与苏联之间签订了互助条约,苏联也相应得到了美国租借法案的援助。美国通过租借法案,向苏联提供了大量的兵器、船舶、飞机、机动车、战略物资和食品。1941 年 12 月 7 日,日本偷袭珍珠港,美国加入第二次世界大战。面对共同的敌人，美苏成为二战中的盟国。

在纳粹德国和日本的战败结局越来越明朗之际，美苏的矛盾也凸显出来。

美苏在关于战后欧洲何去何从、国界变更等诸多问题上持有不同看法。美国认为一个稳定的国际体制应该由多国组成并通过国际组织来协调各国之间的纠纷；而苏联认为自己在二战中做出了巨大牺牲并在未来可能遭受侵略，故应该有权支配邻近的国家来确保自身安全。

早在二战初期，苏联在签订《苏德互不侵犯条约》后便吞并了波兰东部、拉脱维亚、爱沙尼亚、立陶宛、罗马尼亚东部以及芬兰的一部分，并把上述地区并入苏联，成为自己的加盟共和国。战后，苏联又从纳粹德国手中夺得东德、波兰、保加利亚、匈牙利、捷克斯洛伐克等国，使之成为苏联的卫星国。

1946 年 2 月，美国外交官乔治·凯南从莫斯科向华盛顿发回一则长电报，电报中讲述了他对苏联内部社会和外部政策的深入分析。他认为，美国和苏联的长期冲突是不可避免的，主张以遏制策略对付苏联。同年，英国前首相温斯顿·丘吉尔在美国密苏里州发表了著名的铁幕演讲："从波罗的海边的什切青到亚得里亚海边的的里雅斯特，已经拉下了横贯欧洲大陆的铁幕。"

丘吉尔的演讲标志着冷战的帷幕全面拉开,谁也没想到,这一对峙竟持续了近半个世纪。

柏林墙倒塌后,美国提出了建立欧洲新格局的"新大西洋主义",主张把北约、欧共体、欧安会三大机制作为建立欧洲新格局的基础,其实质是要在重塑欧洲格局的过程中保持和加强美国的领导地位,确保美国在欧洲的政治、经济利益。同时,美国提出了"世界新秩序"的主张,希望在美国的领导下,按照美国的价值观改造世界,实现一个"和平和安全、自由和法治"的世界。

具体而言,就是在国际事务中更加强调"多边"合作,而不是"单边"行动,注重发挥盟国和联合国的作用;同时,按照美国的价值观和理想,建立新的国际体系,在世界上巩固和推进"自由"与"民主"。

赢得冷战的布什总统没有赢得 1992 年的大选,年轻的阿肯色州州长克林顿当上了美国总统。克林顿政府执政期间,多极化趋势加速发展。大国关系深入调整,美国国际战略逐步完成了从"冷战型"向"后冷战型"的转变。这个转变基本上是以 1994 年的"参与和扩展战略"为起点,以 1997 年的"塑造一反应一准备"三位一体新战略构想为终点。

"参与和扩展战略"有"一个目标""三个支柱"。所谓"一个目标",就是在全世界巩固和扩大美国的"领导地位",即美国的世界霸权。为此,美国提出要防止潜在的战略对手和新的超级大国控制西欧、东亚、西南亚和苏联地区,重点遏制那些有潜力成为全球大国的国家,如中国和俄罗斯。所谓"三个支柱",是指经济安全、军事实力、民主人权。

为此,克林顿政府把经济问题放在对外政策的中心地位,并突出美国外交中的意识形态因素,在外交中大力推行"自由""民主""人权"等价值观,试图建立一个以资本主义为主导的世界。同时,美国强调保持强大的军事力量,应付新的安全挑战。

这段时期,美国强调维护当前利益与应付未来挑战相结合,强调加强对各地区事务的参与,进一步扩展美国的全球战略优势,并积极运筹大国关系,强化跨大西洋同盟的稳固,千方百计缓解美日矛盾,加强与日本的安保合作。

克林顿时期,美国追求领导地位和多边主义相结合,但小布什于2000年就任总统后不久,发生了"9·11"事件,美国迅速调整对外战略,把反恐作为外交和安全战略的首要任务,积极改善与俄罗斯、中国的关系,寻求建立广泛的国际反恐联盟,密切了与中亚、东南亚国家的关系。

小布什的外交政策特点是奉行单边主义,谋求建立美国霸权地位;强调军事优先,注重培植军事实力,把打击国际恐怖主义作为对外政策的中心任务,打了阿富汗和伊拉克两场战争,让美国元气大伤。

2008 年奥巴马就任美国总统之后，与小布什主义划清界限，提出"巧实力"概念作为指导美国对外战略的理念。

所谓巧实力，就是利用硬实力和软实力，形成一种融合政治、经济、外交、军事、法律、文化领域各种资源和手段的综合战略，来实现美国的对外战略目标。它既强调保持强大军事力量的必要性，也加大在同盟伙伴和所有层次的国际制度上的投入，以扩大美国的影响，确立美国行为的合法性。

奥巴马给美国的对外政策带来了一阵变革之风，使得美国的对外政策在扩张性和冒险性上有所收敛，在一定程度上有助于缓解美国面临的战略困境，有助于世界局势的总体稳定。

不过，这一变革主要是外交策略、外交风格和外交手法的改变，而美国外交战略的总目标没有改变，也不会改变。美国的外交政策依然是要确保美国在世界的主导地位与全球利益。奥巴马的对外战略调整不是"战略收缩"，而是巧实力下的"战略强化"。

2016 年特朗普赢得大选后，带给美国外交的变化更为剧烈。特朗普对维持国家实力现状与安全有着迫切需求，直接体现在突出强调自身军力建设、提高军费，特别是军事科技绝对领先地位的实际动作之中。特朗普了解美国的实力状况，主张战略收缩,因此特朗普时期美国罕见地没有发动对外战争。

但是,特朗普的"美国第一"原则得罪了盟友,跨大西洋的关系产生深度裂痕。于是,拜登上台后又展开了外交方面的修修补补。

第三节　美国外交的特点

在对美国外交史进行简要梳理后,有必要问一个问题:美国的外交究竟有什么特点?我想,有一个词可以用来描述美国的外交,那就是领导(Leadership)。有一次,一位美国外交官和其他国家的外交官在一起闲聊时,要求各国都用一个词来总结本国外交的核心所在。有的国家说是安全,有的国家说是和谐,有的国家说是利益。美国外交官最后发言,说我们国家的外交核心就是领导——美国要做领导。

美国这种外交理念不是空穴来风,随便说说。这不仅和它的世界超级大国地位有关,和他们的教育也是息息相关的。

美国培养小孩经常用的一句话就是要培养孩子的领导力,这在一些大学里尤其明显。如哈佛大学,招生虽然也看申请人的学业成绩,但重要的考察标准是申请人有没有领导能力,能不能给学校带来改变,给世界带来改变。这就是美国整体外交上的思想基础和基本准则。

具体行动起来,美国的外交经常在理想主义和现实主义之间摇摆,就像一个钟摆,一会儿向左一点,一会儿向右一点;一会儿更重视价值理想,一会儿更重视现实利益。

我们可以从二战后美国的外交决策看出端倪。其实,美国在二战期间还是坚持了一些正义原则和理想主义。日本侵华后,无论怎么低声下气的哀求,美国也坚决不同意它对伪满洲国的占领,要求它必须退出所有侵占中国的领土。这实际上是坚持了正义而不是纯粹为了利益。如果纯粹为了利益,当时日本和美国之间继续做生意,对美国可能更有利。当然,必须承认,这里面美国也考虑了在华利益的因素。

二战期间,在罗斯福的领导下,美国坚持正义,带领同盟国打败了轴心国,这中间可圈可点、值得铭记的是美国对中国的援助,尤其是以飞虎队为代表的空军支持,对中国的抗战胜利有着不小的贡献。

二战结束后,美苏争霸,两个集团进行冷战,直到最后美国获胜。获胜后,世界上出现了唯一的超级大国,这一超级大国一开始还有理想主义的影子存在。比如说,1990年萨达姆入侵科威特,把一个主权国家给吞并了,时任美国总统布什派兵去打伊拉克,把科威特给解放了,这中间得到了很多西方盟国的支持。

然而,随着美国作为超级大国没有对手,它在对外方面也越来越任性。没办法,权力没有制约必然会为所欲为。老布什的儿子小布什上台后,恰逢9·11这样的悲剧事件。这时候,美国的现实主义就增强了。他们认为,有人打我,我必须还击,这是天经地义。9·11之后,美国打伊拉克、打阿富汗就展示了它强硬的一面,它开始更注重现实,而它的理想主义和战争的正义感就很少存在了。

小布什作为美国总统还做了个选择:单边主义。

单边主义是指国际社会中实力较强的某个国家,为了落实外交政策而忽视多数人民意愿,违反国际社会潮流,不顾他国利益,拒绝采取协商途径,凭借自己的力量我行我素的行为。通俗地讲,就是我想干什么就干什么。什么朋友、盟友、联合国,都一边儿去。听我的话,就是哥们儿;不听我的话,就离我远点。当时欧洲人对小布什也都非常反对,认为他的单边主义行径破坏了盟国之间相处的原则。因此,奥巴马上台后,放弃了小布什的单边主义,实行多边主义。

所谓多边主义,是指三个或三个以上国家之间发生联系的方式。除了这种制度层面的界定外，多边主义还表现为国家之间的行为方式，以及对国际普遍的行为准则的重视和遵守。一言以蔽之，多边主义就是更注重和盟友的联合。比如说奥巴马的重返亚太战略，其本质就是利用众多盟友，把他们的实力聚合在一起，以形成对潜在敌人的遏制。2021年，拜登取代特朗普当上总统后，重拾奥巴马时期的策略，注重多边主义，注重联合盟友。

单边主义和多边主义是美国外交的两个选项。但是到了特朗普那里就是我不要单边，也不要多边，我要"美国第一"，如果用一个词来概括，那就是任性主义。

但特朗普的任性是有底线的，就是不陷入战争。他知道，陷入战争劳民伤财，不划算。他的任性主要体现在上台以后退出各种条约，如伊核条约、巴黎气候协定等。在经贸、政治方面也比较任性，违反了美国外交的一些基本准则，也违反了新政府对往届政府一些条约的继承。这种任性对美国的软实力伤害很大。

正因如此，在2020年的大选中，拜登和特朗普之间的辩论在外交方面有一个清晰的分野：美国的传统盟友坚定地支持拜登，就是因为特朗普的任性让他们伤了心。

这就是美国外交的一个整体脉络。总体而言，它的核心在于维持自己的领导能力,即维持自己全球老大的地位,并在具体操作层面,在理想主义和现实主义之间摇摆。

有人可能会问:美国凭什么当世界老大？换句话说,美国凭什么当世界警察？这可以用3个M和3个H简单概括。M指硬实力,H指软实力。

第一个M是Military(军事)。美国最强大的还是军事能力,这是它作为世界老大的根本所在。美国的军事预算世界第一,比后面9个国家的总和还多。所谓霸权,军事方面的硬实力是一切的根本,这方面美国尚无敌手。

第二个M是Money(金钱)。中国人说有钱能使鬼推磨,英文则说"Money Talks"。布雷顿森林体系确立的美元霸权地位如今虽然有所减弱,但美国在金融方面的影响力依然不可忽视,依然是美联储一加息,全世界抖三抖。2008年金融危机之后美元的量化宽松,对世界各国都带来了影响。2020年新冠爆发后,美国政府不断印钞,更是让全世界买单。

第三个M是Manufacturing(制造业)。这话可能很多人不认同,肯定认为中国才是制造业大国,美国怎么能比！其实不然。中国虽然是制造业大国,但还不是制造业强国,上游的标准、设计都在美国人手里,芯片这样的核心产品也被卡脖子,利润更是大量流入美国。页岩气、无人驾驶、3D打印等发明都是美国人搞出来的。近年,美国意识到制造业外流的风险,开始吸引制造业回流。

三个 M 是硬实力;而三个 H,则是软实力的体现。

第一个 H 是 Harvard(哈佛大学)。美国俗话说,未有美国,先有哈佛。以哈佛大学为代表的美国学界精英,吸引了来自全世界的人才,这是美国得以长盛不衰的重要基础。二战结束后,苏联在各地抢机器设备,美国在各地抢人才。人才,是一个国家强大的基础,吸纳优秀人才产生的创造力,是科技创新的源泉,也是实力的保证。

第二个 H 是 Hollywood(好莱坞)。好莱坞所代表的美国流行文化席卷全球,尽管很多人斥之为浅薄、没文化,可它在商业力量的裹胁下对世界的影响,是美国软实力的重要一环。

第三个 H 是 Human Rights(人权)。美国到处讲人权,虽说颇有干涉内政的嫌疑,但尊重人权本身,确实是放之四海而皆准的道理。只能说各国对人权的定义不同,不能说尊重人权是错误的。你要在它的话语体系下击败它,存在一定的难度。

有了这些硬实力和软实力的结合,才形成了今日美国的强大战斗力。不可否认的是,随着新兴市场国家的崛起,美国的绝对优势正在丧失,处于相对衰落的过程中。但这个过程是漫长的,还会有反复,美国自身也有强大的自我调整和自我更新能力。

第四节　美国的朋友圈

俗话说，一个好汉三个帮，美国除了自身实力外，也重视和盟友的联合，即重视多边主义。美国的精英很清楚，美国的强大，不仅在于军事、科技、教育以及软实力的强大，更在于它有一个遍布全球的联盟体系。

根据远近亲疏，美国的盟友可以概括为"四大护法"加"五散人"。

四大护法排名第一的是美国最重要的盟友英国。当年是一帮英国移民跑到北美大陆建立了这个国家；后来，英国又主动把世界霸主之位让给了美国。两国至今都有一种非常特殊的、亲密的关系，在很多事情上，英国都鼎力支持美国。英国可以退出欧盟，可以对欧洲大陆国家玩平衡，但和美国之间则是完全的支持关系。当年的阿富汗战争、伊拉克战争，英国都予以支持，美国也投桃报李，展示对英国的信任。美国在自己的盟友和敌人内部都有大量的监听，但对英国不监听、不设防，因为两国之间是一种可以敞开对话的亲密关系。

四大护法排名第二的是德国。大家可能会觉得奇怪,因为当年伊拉克战争的时候,人们听到德国很多反战的声音。对于当时的总统小布什,德国的确有很多反对的声音。特朗普当上总统后,和德国总理默克尔也是关系不睦。另外,德国也不肯跟着美国的节奏退出各种世界上的联盟组织。因此,表面上看,很多人觉得美德关系不好。

但实际上这是一种误区。二战之后,美国重建了德国,重建了德国的政治体系,德国人对美国是充满感激的。在伊拉克战争期间,美德关系的确很差,但德国人很明确地说,我们是反小布什,是反战,不是反美。后来,特朗普当了总统,德国也是反特朗普,而不是反美。因此,拜登上台后,默克尔访问美国,美德关系迅速回暖。

第三个大护法是澳大利亚。澳大利亚和英国不一样,英国的外交有其深沉的一面,或者说老谋深算的一面,而澳大利亚更像美国的一个前锋,哪里有事就杀到哪里,不遗余力地提供帮助。这一点,也符合澳大利亚人勇往前冲的性格。美澳两国在情报、军事方面的合作也和英国一样紧密,美英澳甚至在2021年组成三国联盟,美英合作给澳大利亚转让核潜艇技术。唯一的问题是,澳大利亚的全球影响力、外交能力有限,能给美国提供的帮助很有限。

第四大护法就是我们的近邻日本。日本多年来一直以日美同盟作为外交基础，不过，日本也有一派力量认为美国固然重要，但亚洲国家也很重要，他们希望日本在美国和亚洲之间保持平衡，这就是美亚平衡战略。

但是，21世纪以来，随着以小泉纯一郎和安倍晋三为代表的保守派力量得势，亲美派占了绝对上风。2016年特朗普刚当选总统，安倍就一溜小跑去拜见，这也表明日本甘愿做美国马前卒的定位。作为回报，日本这几年也是受益匪浅，在很多领域取得进展，身上的枷锁逐渐减少，自卫队的权限不断扩大，日本社会也逐渐右倾。

四大护法是相对来说和美国关系比较铁的四个国家，还有五个国家和美国也开始亲近起来，但关系还是有点散，可称之为五散人。

五散人的第一位是法国。法国在西方是一个特立独行的角色，它是西方的一分子，但在很多地方又喜欢有一些独特的做法。冷战期间，法国就曾经退出北约，因为戴高乐要奉行独立自主的外交政策，不和美国走一条路。伊拉克战争期间，法国更是旗帜鲜明地反对美国，但这并不影响法国和美国在价值观、经济、军事层面的合作。所以说，法国的角色是忽远忽近，但在本质上和西方体系利益是一致的。

第二大散人是印度。印度倾向于不结盟，是世界上不结盟运动的领袖。印度一直奉行独立自主的外交政策，但美国提出印太战略后，对印度有强烈需求，频繁递出橄榄枝，美印关系也逐渐升温。

美印两国的经济合作升级，印度成了美国印太战略的支柱国家。在军事层面，两国军事演习不断，但印度归根到底还是一个具有独立属性、崇尚自主外交的国家，和美国的亲近也是暂时的，具有更多的趋利特征。

第三个散人是越南。越南当年是苏东集团的一部分，但随着该国的开放革新，和美国的贸易数字飙升，甚至在军事层面也愿意考虑让美国的军舰使用金兰湾。但整体而言，越南现在只是积极加入美国阵营，还不能完全算是美国阵营的一分子。

第四位散人是加拿大。其实，从经济和人文交流层面来说，美国和加拿大几乎是不设防的状态，可以自由进出，就连 NBA 联盟也有一支来自加拿大的球队，还拿了冠军。但在军事、政治层面，加拿大并不是完全按美国的指挥行事。加拿大人行事相对稳妥，有点中庸主义的感觉，并不像澳大利亚那样愿意为美国打头阵。

第五个散人，也是最散的一个，就是韩国。韩国内部有保守派和进步派两股势力，保守派认为一定要和美国绑在一起，而进步派则充满爱国主义激情，希望美军尽早搬走，从而让韩国有更多独立自主指挥自己军队的权力。这两派时不时还会掐起来，闹矛盾。

2017年，特朗普访问韩国时在韩国国会发表演讲。结果国会前面排了两队：一队支持特朗普、支持美韩同盟，另一队要求美军尽早撤走。因此，韩国扮演了一个很散的角色，可以往左一点，也可以往右一点。

四大护法和五大散人加起来，共九个国家，分属于亚洲、欧洲、北美、大洋洲，他们作为盟友，构成了美国全球利益链的保障。除此，还有以色列、新加坡、印度尼西亚等国，也和美国关系亲近，是美国外交图谱上的重要国家。

当然，维持朋友圈是昂贵的，美国虽然能从韩国和日本等国要点儿驻军费，但整体而言还是需要大量真金白银的支撑，这就需要强大的经济基础。

第六讲　美国的经济与美国人的财富观

要了解美国,就要了解美国的经济和美国人的财富观。从最初 13 个殖民地,发展成现在的超级大国,商业的力量起到了不可估量的作用。美国有好多俗语都和经济有关——一切都是生意;没有免费的午餐;在美国只有两件事逃不开:死神和税吏。这些话背后,或许隐藏着美国经济的秘密。

第一节　美国人和钱

语言可以反映一个民族的特色。比如说,爱斯基摩人的词汇表里,有关雪的词最多,在其他任何语言里都无法找到相应的表述。

英语中,关于钱的成语不少,至少可以从一个侧面说明钱的重要性。下面列举几个常见词语:

Money makes the mare go. 有钱能使鬼推磨。

Money is the root of all evil. 金钱是万恶之源。

Money talks. 钱能通神。

Money and treasures will be plentiful. 招财进宝。

Time is money. 时间就是金钱。

A man without money is no man at all. 一分钱难倒英雄汉。

It is easier to get money than to keep it. 挣钱容易攒钱难。

Money is not everything. 钱不是万能的。

Wealth is nothing without health. 失去健康,钱再多也没用。

Wisdom is better than gold or silver. 智慧胜过金钱。

说美国人爱钱,美国人听了不会反对。谁不爱钱呢?地球上的人能够摆脱金钱诱惑者少之又少。

拜金不是美国人的专利,但美国人对钱的热爱与众不同。中美两国人民都爱钱,但中国古代的文人自视清高,视金钱如粪土、如魔鬼,心里爱钱嘴上不肯说,而清教徒的美国却把钱和宗教天衣无缝地结合在一起,对金钱的热爱没有任何心理负担。

绿色的美钞背面,印着"我们相信上帝",金钱与上帝竟然以这种奇特的方式结合在一起,在全世界独树一帜。爱上帝和爱金钱,在美国人眼里不是矛盾体。中国古代知识分子认为"君子爱财,取之有道",可华尔街的大亨们在做过虔诚的祈祷后,便开始无所不用其极地榨取他人财物。

美国人对金钱的热爱,在日常生活中体现得淋漓尽致。

毕肖普先生是我的一位老师,来自犹他州,大学第一节课给我们拿出一大堆钢镚,一美元的,五十美分的,一角的,应有尽有。第一次见到美元什么样,大家都很兴奋地翻来覆去摆弄,下课时,老师让我们自己留着,大家又是高兴了一阵。

这位老师最有趣的是照相时也是钱。我们喊"茄子",多数英语国家的人喊"CHEESE",可毕肖普先生喊"MONEY",真是让人大开眼界,哦不,是"见钱眼开"。

说到日常生活中的见钱眼开,小费不得不提。

在美国,小费可谓无孔不入。住宾馆,每天出门时要放一美元在枕头上,算是给收拾房间的服务员的报偿;拿着餐券去吃宾馆提供的早餐,可别想当然地认为可以不用掏腰包,服务员给你殷勤地斟满咖啡,你就要掏出一美元或两美元放到桌上;中午吃大餐,也别光顾着看饭菜是否便宜而忘记 15％到 20％的小费,如果你们一桌超过 6 人,对不起,小费直接算到账单里;下午打车去看朋友,给司机的小费也要车费的 15％到 20％;第二天早晨结账走人,宾馆服务员帮你扛行李,没错,也要小费。

同美国人一起上饭店,除事先讲好谁请客外,都是各付各账。如果你抢着付账,反而会使对方感到欠了人情,于心不安。在美国,如果有人和你说一起吃饭,千万别想当然地认为他要请你,一定记得带钱包。

说起美国人对钱的态度,著名财经作家保罗·艾尔德曼(Paul Erdman)有句名言极为经典。他说:"美国人的本质就是首先希望赚钱,然后用这些钱来赚钱,然后用许多钱来赚许多钱。"

美国人拼命工作、拼命赚钱的态度当然和对成功的渴求相联系。

德国心理学家雨果·闵斯特伯格(Hugo Munsterberg)说:"美国人很看重他挖到的金子,主要是因为金子是他的能力的体现……因此把美国人定义为物质享乐主义者而否认他的理想主义,从根本上就是错误的……美国的商人为钱工作,伟大的画家为钱绘画,意义是完全一样的——都是对自己的工作欣赏的标志。"

如果还对美国人爱钱有疑义,不妨略微翻翻美国的历史。我们的教科书上写的是美国革命是为了独立,可如果不独立就可以过上好日子,谁还会冒着砍头的危险去闹革命啊。没错,革命前夕美洲殖民者的好日子被英王乔治三世给毁了。

在乔治三世时代,这位年轻的英国国王血气方刚,"不但要统,而且要治"。1764 年,英国颁布《糖税法》,对过去每加仑征 6便士的外国糖蜜税减为 3 便士,但撤销各殖民地原享有的某些免税待遇,对输入美洲的外国食糖和奢侈品(如酒、丝麻)收取附加税。

1765 年,英国颁布《印花税法》,这是首次出现在美洲英属殖民地的新税种。这个新生事物来势汹汹,举凡报纸、证书、票据、债券、文告、历书及一切印刷品、小册子、法律文件,都得贴上半便士至 20 先令的印花税票,甚至连结婚证和扑克牌都得交印花税。在新税种面前,新大陆上所有的英国臣民人人难逃。

1765 年底,一个被称为"自由之子社"的秘密组织在波士顿诞生,其领导者是塞缪尔·亚当斯等人。这一组织发展很快,不久,各殖民地几乎都有了类似的组织。

在"自由之子社"的领导下,城市居民放火焚烧成堆的印花,抢劫海关官员的家,并迫使印花代售商辞职。1766年,《印花税法》宣布撤销。消息传来,十三个殖民地一片沸腾,"灯火辉煌、篝火处处、彩坊林立、人群熙熙、火花满天,诚美洲之空前情景也"。

据历史学家房龙在《美国的故事》中记载,当时,10%的人坚持为原则而死;10%的人愿意为原则而死,但他们提出是不是能够用较少的暴力来达到他们为之战斗的目标;40%的人称自己是"注重实际的人",他们将坐等斗争见分晓,而后参加胜利的一方。这三者加起来是60%,其余40%坚决"遵纪守法"。由此可见,殖民地初创时期,坚持原则、理想的毕竟是少数,多数人还是更在意自己身边那些看得见的利益。

当然,这并不是说如果英王不加税独立战争就不会爆发,只能说乔治三世的愚蠢行为大大提前了这一独立进程。

美国人爱挣钱,但是不爱存钱。经典的故事是,一位美国老太太碰到一位中国老太太,两人都拥有宽敞明亮的住房,都感到很幸福,美国老太太说:"我28岁就买了房,一直住着,去年刚刚还清贷款。"中国老太太听了非常郁闷地说:"我省吃俭用,攒了一辈子钱,去年刚刚买了新房子住进去。"

这个故事反映了中美消费理念的区别,也可以说明2007年次贷危机为什么会在美国上演。即使穷人,也敢于贷款买房,他们零首付,想当然地认为房价会不停攀升,最后实在还不起房贷,卖了房子也可以挣钱。于是,这些人被金融公司忽悠、上套,金融公司再用同样的理论绑架银行、投行,当房价下跌时,资金链断裂,于是次贷危机爆发。

美国的次贷危机,说白了就是寅吃卯粮,层层担保,最终从虚幻的神坛上摔下来。

买房子是消费,买车、买新产品,都是消费。美国个人消费开支约占国内生产总值的三分之二,是经济增长的主要动力。调查数据显示,2019 年美国消费品零售额超过 6 万亿美元,再加上其他居民消费及公共消费,共占全年美国 21.2 万亿美元GDP 的 70%以上。

美国人住着大房子,开着大车子,地球上的能源消费他们占的比例非常高。

以石油为例,根据国际能源署的统计数据,中美两国消费的原油接近世界原油消费量的 1/3(中美两国每天消费原油 2 800万桶,全世界每天消费 8 430 万桶)。2018 年 8 月,美国的石油日需求量增加到 2 080 万桶,全球领先。

美国的消费方式无法复制,美国人自己也担心如果中国复制他们的生活方式地球将无法负担,这也是美国国内总有人高喊中国威胁的原因之一。

不过,克林顿时代后,布什推进反恐,美国贸易赤字和财政赤字居高不下,中产们的日子越来越不好过,远不是某些人所想象的那样挥金如土。油价高涨,纽约、洛杉矶等大城市的上班族纷纷坐起了地铁,拒绝开车,省油就是省钱!2021 年,拜登政府启动印钞,油价大幅提升,也让美国人开车出行时不得不算一算细账。

美国人爱钱,但不是守财奴,不是物质享乐主义的爱财和守财,而是既喜欢赚钱又喜欢花钱。

事实上,钱的主人留着钱,不过好日子,不慷慨捐款给大量的慈善机构,不接济家里没钱的人,民众也不会喜欢。美国各地活跃着许多民间基金会,他们的经费大多来自百姓的捐助;而老百姓给教堂捐款,更是一笔天文数字。2020 年 6 月,美国施惠基金会发布了《2020 美国慈善捐赠报告》。报告显示,2019 年美国慈善捐赠总额约 4 496.4 亿美元,合人民币 31 513.5 亿元。其中个人捐赠约为 3 096.6 亿美元,占总捐赠额的比例约为69%,仍然是最大的捐赠来源。其他捐赠来源还包括:基金会捐赠约 756.9 亿美元,占比约为 17%;遗产捐赠约 432.1 亿美元,占比约为 10%;企业捐赠约 210.9 亿美元,占比约为 5%。

第二节　银行存废与金银之争

讲经济,离不开银行。对于美国人来说,长期以来都充满了对银行的不信任。美国建国后,汉密尔顿和杰斐逊的争端,从政府权力、外交一直延伸到经济领域。汉密尔顿是联邦派的旗手,他的眼睛向上看,认为国家应该由高尚的贵族统治,主张贸易立国,他的对手杰斐逊认为淳朴的农民才应是国家的统治者。

具体到经济方面,首任财政部部长汉密尔顿主张成立类似于英格兰银行的私有的中央银行,负责发行货币。1791年12月,当汉密尔顿的方案提交国会讨论时,立即引起空前激烈的争论。最终,参议院以微弱多数通过了这项提案,众议院也以39对20票过关。华盛顿总统于1792年2月25日签署了美国第一个中央银行的授权,有效期为20年。

1811年,银行有效期满,时任总统麦迪逊决定消灭这个庞然大物。当时,双方的角力达到了白热化程度,众议院以65对64仅一票之差否决了银行授权延期的提案,而参议院是17对17票打平。最后,副总统乔治·克林顿打破僵局,投下否决票,第一合众国银行只好关门歇业。

1812 年,美国和英国开战,连白宫也被一把火烧成断壁残垣,债务缠身的美国政府实在没办法,只好向银行界屈膝,麦迪逊总统于 1815 年提出成立第二家中央银行,结果就是 1816 年诞生了美国第二银行。美国第二银行得到了 20 年的营业授权,总股本 3 500 万美元,80%由私人所有,20%属于政府。

这家银行后来碰上了硬茬——美英战争期间保卫新奥尔良的英雄安德鲁·杰克逊。1828 年大选时,他在一次面对银行家发表演讲时不假颜色地说道:"你们是一群毒蛇。我打算把你们连根拔掉,以上帝的名义,我一定会将你们连根拔掉。如果人民知道我们的货币和银行系统是何等的不公正,在明天天亮之前就会发生革命。"

这一年,安德鲁·杰克逊当选总统,他决心废除美国第二银行。他说:"如果宪法授权国会发行货币,那是让国会自己行使这个权力的,而不是让国会授权给任何个人或公司的。"在 11 000 人的联邦政府工作人员中,他解雇了 2 000 多位与银行相关的人员。

1832 年是杰克逊总统竞选连任的年头,大选之前,他否决了延长美国第二银行有效期的提案,银行家怒极,于是拿出 300 万美元重金,不惜血本地资助杰克逊的竞争对手亨利·克莱

（Henry Clay）。大选期间，杰克逊被描绘成无恶不作的暴君、独裁者。要知道，这个年轻的国家骨子里有着对皇权根深蒂固的厌恶。杰克逊则针锋相对，提出的竞选口号是"要杰克逊，不要银行"。杰克逊成功地使美国普通选民相信，他在保护底层民众的利益，遏制那些贪婪的精英分子。结果，杰克逊得到 55％的普选票，克莱只得到 37％。

1845 年 6 月 8 日，杰克逊总统去世，他的墓志铭上只有一句话："我杀死了银行。"

此后，直到 1913 年美联储成立，美国都没有中央银行。银行无制约的发展，一方面给社会提供了大量资金，另一方面也伴随着周期性的经济危机。

要不要央行，美国人争了一百多年；而金本位还是金银双本位，也是各界争夺的焦点。

美国自建国以来，一向采用复金本位制。也就是说，政府随时把送进造币厂的金银铸成钱币。1873 年，国会改变了货币制度，其中一项是从在国内流通的钱币里，剔除了银币。这在当时并没有引起多大的关注，因为那时的银子很稀少。事实上，银币已有 40 年没有流通了。但是这一情形因西部各州的山地里发现了新银矿而发生剧变，同时，一些欧洲国家的银币也停止流通，银子的供应量大大增加了。

其时,适逢美国的经济减速,西部和南方主张土地均分者的领袖们在东部工业中心劳工团体的支持下,要求恢复无限制地铸造银币。他们相信他们的困难是因流通货币短缺造成的。这些团体认为,扩大货币的流通量,将间接提高农产品价格和工人工资,这样相对来说欠银行的债务就少了,可以还清债务。另一方面,保守主义者深信这一政策将引起金融危机,通货膨胀一旦开始,必将无法阻止,而政府本身也将破产。他们认为,只有采用金本位,才能维持稳定。

矛盾累积到 1896 年,要不要银子,成了这一年大选的主题。民主党候选人是威廉·詹宁斯·布赖恩,一位来自内布拉斯加州的民主党党员、民粹党党员、银币的热烈拥护者。

大选期间,共和党猛攻布赖恩的银币政策,他们放出风声说,布赖恩太激进,太不明智,如果当上总统,美元肯定大贬值。为此,大选期间他们印刷了大量假美元,把布赖恩的头像印在上面,还写上"我们信任上帝,为了那剩下的 53 分",意思是一旦取消金本位,一个美元就只值四毛七了。

面对劣势,布赖恩选择主动出击,他跳上火车,以中西部为重点,开始全国巡回演讲,和数百万人亲密接触,开创了美国大选巡回演讲之先河。西部和南部的农民头一次见到大人物,于是夹道欢迎,像看到大救星一样准备投票选他。这一年,布赖恩说出了永载史册的一句名言："你们不能把人类钉在黄金的十字架上。"

支持布赖恩的人被称为民粹主义者。他们的逻辑是，由犹太人组成的国际金融家阶层毁掉了美国的小型家庭农场。银行家推行的金本位制度正是导致金融危机和人民贫困的罪魁祸首。

之所以说布赖恩开了先河，是因为此前的选举从来没人这么巡回演讲过，最多是在自己的阳台上，像万岁爷一样对着"朝拜"的民众发表演说。在当时的社会环境下，坐着火车接触选民是件有失尊严的事情。

共和党的麦金莱可懒得出门，他只是在阳台上发表演讲，但他的老板、共和党党魁汉纳并不简单。我们之前说过，在那个党魁年代，汉纳是政治运作高手中的高手。他花钱雇人四处演讲，宣称布赖恩是个危险的激进分子。选举前夜，有些工厂老板贴出告示，说如果布赖恩当选总统，工厂第二天就关门，工人们将面临失业的窘境。

最终，麦金莱赢得大选，金本位得以持续。1900 年，麦金莱坚持的"金本位法案"（Gold Standard Act）获得通过，从此美国正式开启了长达 33 年的金本位制时代。麦金莱四年的金本位实践稳定了美国动荡的经济，使美国终于走出 1893 年以来的恐慌与萧条,继而以繁荣的国家面貌迎来 20 世纪的降临。

这期间,美国也面临着有利的内部、外部因素,比如说,阿拉斯加发现金矿,南非的金子也运到美国。随着黄金供应的增加,货币供应量也整体增加,金本位制带来的弊端减少,优势明显。

坚持金本位得罪了大量民粹主义者,给麦金莱总统带来了厄运。1901 年 9 月 5 日,麦金莱总统来到泛美博览会音乐殿前发表演说,欢迎总统的宾客排起长队,人们渴望一睹"繁荣总统"的尊容。在欢迎的人群中,一位青年跨步向前,突然扣动了藏在手帕里的左轮扳机,两颗子弹穿透总统的腹部,音乐殿堂一片恐慌。9 天后,麦金莱总统因伤口恶化,不幸去世。

"我对刺杀总统毫无悔意",乔尔戈斯对警方说。他始终认为自己的刺杀有助于为美国民众争取平等和自由,而对于究竟何种货币政策可以稳定经济,乔尔戈斯却一直没有自己的意见。

麦金莱奠定的金本位制,1933 年被罗斯福废除。原因很简单:经济危机来临,扛不住了。

第三节　躲不开的经济危机

说起经济危机,大家第一时间想到的可能就是 1929 年的美国经济大萧条。

1929 年 10 月,美国华尔街股票狂跌,股市彻底崩溃。1929 年至 1933 年间,银行倒闭,企业破产,失业剧增,农产品价格猛跌。这场危机来势猛,范围广,时间长,破坏性强,从美国开始,迅速波及其他资本主义国家,引发了一场世界性的经济危机。

这场危机有多严重? 从《光荣与梦想》一书的记载,可以略窥端倪。这本书的第一章,标题是"最惨的一年",我们随机找几段,看看美国 1932 年的惨状:

1. 美国钢铁公司和通用汽车公司的股票价格跌到了 1929 年前的 8%。纽交所整体的股票价格,只相当于 1929 年的 11%。投资者损失 740 亿美元,相当于第一次世界大战全部战费的 3 倍。

2. 5 000 多家银行倒闭,8.6 万家商号暂停营业,GDP 从 1 040 亿下降到 410 亿。27.3 万户人家被房东撵走,工人每周平均工资只有 16.21 元。

3. 美国钢铁公司的开工率只有 19.1%。这一年，美国机车公司只卖出一台机器，而 20 年代平均每年卖出 600 台。

4. 苏联在纽约办了个苏美贸易公司，平均每天收到 350 份移民苏联的申请；他们登广告招聘 6 000 名熟练技工，结果有 10 万人应聘。

5. 1932 年，《财富》杂志估计，美国 3 400 万成年男女和儿童没有任何收入，接近于人口总数的 28%；而且在地狱里受煎熬的 1 100 万农村人不包括在统计数据之内。

6. 那时的美国，用玉米棒子当燃料比卖玉米买煤还合算。蒙大拿州有个农场主，借钱买了些子弹，把自己养的牲口全杀了，扔进山沟，因为卖牲口的钱还抵不过饲料钱。

7. 这一年，因为教育经费不足，美国 30 万儿童失学。俄亥俄州德顿市的学校每周只上三天课；阿肯色州的 300 多所学校有停课 10 个月以上的；芝加哥裁了 1 000 个老师，留下的 1 400 个里，有 759 个被房东撵走。

8. 宾州的乡下人吃野草根、蒲公英；肯塔基的人吃紫罗兰叶、野葱、勿忘我草；城里的妈妈看到街上有腐烂的蔬菜水果扔出来，就上去和野狗争夺。

9. 1932 年，美国 65% 的工业掌握在 600 家公司手里，仅占全国人口 1％的人拥有全国财富的 59％。

10. 芝加哥有个人叫塞缪尔·英萨尔,身兼 85 家公司的董事、65 家公司的董事长和 11 家公司的总经理。因为欠了 6 000 万的债,逃了,抓回来却被判无罪。有人说,控股公司就是这样的地方,警察搜你的身,你把赃物给同伙,就万事大吉了。

结果是,1932 年大选,罗斯福赢得了 48 个州里的 42 个,胡佛黯然下台。

当然,即便是最惨的一年,也有人能够看到并抓住机会。让我们一起看看那个时候干什么最赚钱以及谁赚了钱。

1. 出售避孕药的行业一年赚了 2.5 亿美元。

2. 全国居民中一半以上的人每星期看一次电影,好莱坞在那段时期获得空前发展。

3. 普通人赚钱的方式包括在街头卖报纸、给人伐木或修路、卖鸡蛋、挨家挨户推销鞋子、卖苹果、帮人看孩子、修剪草坪等。

4. 一个叫巴伯·鲁斯(Babe Ruth)的球员,年薪 8 万,而总统的工资是 5 000。一个叫迈克尔·卡伦(Michael Cullen)的人,看准机会发明了超市,改变了零售业。

5. 大萧条的时候,现金为王。债主和有钱人在这个时期放贷,获利匪浅。

6. 黑社会兴起。当时的警力无法完全维持治安,各个群体为了保护自身利益,会雇佣私人武装,加上人们消沉时对精神麻痹、短暂快感的追求,黄赌毒泛滥,黑社会也就容易赚钱。比如,1932 年崛起的黑帮大佬阿尔·卡彭和卢西亚诺。

7. 或许是为了排解生活压力带来的烦恼,吸烟的人群越来越多,而一天里烟民们吸烟的次数也比往常频繁了许多,面对妻儿老小那么多张嘴等着吃饭,面对随时可能被老板辞退的压力,面对一天天上涨的物价,也只有靠吸烟来缓解内心的压力。所以,烟草业利好。

8. 所谓烟酒不分家,尤其在面对压力的时候。在经济衰退期,酒的销售量总是上升的。肯尼迪家族的兴起,就是知道罗斯福要取消禁酒令,提前准备好了欧洲的红酒。

9. 内华达州议会通过了赌博合法的议案,拉斯维加斯成为一个赌城,从此迅速崛起。因为经济不景气的时候,很多人希望好运降临到自己头上。

10. 如果不是揭不开锅,有谁会天天拿着家里的珠宝和值钱家当往当铺跑呢?所以,典当业总被认为是个“趁火打劫”的行业,可有时候你还真离不开它。在美国的当铺里,放满了各种耀眼的名品。

所以,危机危机,就是危险和机会并存。而机会只给有准备的人,未雨绸缪是有必要的。那么,美国是如何度过危机的呢?

答案是罗斯福新政。

罗斯福在1932年接受民主党总统候选人提名时,允诺了"一项为了美国人民的新措施"。他说:"遍布全国、在政府的政治哲学中遭到遗忘的男人和女人,期望我们起来领导他们,也希望有更公平的机会可以分享国家财富的配额。我保证将提出一项为了美国人民的新措施。这不仅是政治性的竞选活动,也是一次战斗。"

罗斯福当选时并没有一套特别的计划来处理大萧条,因此他积极听取各界意见。在罗斯福的顾问中,最有名的是国策智库(Brain Trust),这群人倾向于正面看待政府对经济的干预。

1933年3月5日,罗斯福下令禁止囤积黄金,违者重罚,由此拉开了"新政"的序幕。"新政"分为两个阶段:1933～1934年是第一阶段,重点在复兴救济;1935～1939年是第二阶段,重点在改革,即全面推行自由主义政策。

新政从整顿银行开始,罗斯福就职的第三天就下令所有银行停业整顿。1933年3月9日,国会通过《紧急银行法》,宣布停止黄金的兑换和出口,授权联邦银行增发钞票以解决货币短缺,并改造联邦储备银行以加强国家对银行的管理。该法的实施使银行和金融秩序恢复了正常,人们也恢复了对银行的信心。

紧接着,罗斯福下令恢复工农业生产。1933年5月,国会通过《农业调整法》,成立农业调整署调控市场,规定国家向减耕减产的农民提供补贴,以提高农产品价格。政府用行政手段调节农业生产,减少农产品过剩,保证农民利益,对农业复苏起到了积极作用。6月,国会通过《国家产业复兴法》,该法以恢复工业生产为目标,将生产的各个环节置于国家监督之下,以减少盲目生产,并由国家干预,调节企业关系和劳资关系,为企业复兴创造良好条件。

启动对劳工的保护。罗斯福选用的劳工部长弗朗西斯·珀金斯提出各种保护工人的举措,例如,一周工时40小时,最低工资,失业补偿,禁止童工的联邦法律,直接来自联邦的失业救济,社会安全法案等。为保护劳工权利,美国规定了最低工资和最高工时,出台《联邦紧急救济法》并成立联邦紧急救济署,此后又将救济改成"以工代赈",解决失业问题。促请国会通过"民间资源保护队计划",吸收年轻人从事公共设施建设,此后还创立工程进展署和全国青年总署,创造就业机会。

建立社会保障体系。通过《社会保险法》《全国劳工关系法》《公用事业法》《公平劳动法》《税收法》等法规,同时推动工会建设,因此,工会后来成为民主党的坚定支持者。

新政产生了不俗的效果,从1935年开始,美国国内几乎所有行业的经济指标都开始稳步回升。美国 GDP 由 1933 的 742 亿美元,渐渐增长到 1939 年的 2 049 亿美元。不过,罗斯福新政后继乏力,虽然新政下美国经济年均增长 7.7%,但失业率依然居高不下,失业人数虽然从之前的 1 700 万下降到 800 万,但依然不低,导致 1938 年共和党人赢得了国会选举。

罗斯福开创了一种模式,此后,美国传统的小政府再也回不来了。罗斯福新政时期产生的一些制度或机构,如社会安全保障基金、美国证券交易委员会、美国联邦存款保险公司、美国住宅局、田纳西河谷管理局等至今仍发挥着作用。后来,美国历届政府都是在罗斯福新政的基础上,采取不同的形式干预国家经济,调节社会生产,缓和社会矛盾。可以说罗斯福新政就是当今美国经济的基础。新政时期所开创的福利政策至今仍然被很多国家所借鉴。

当然,罗斯福新政也存在不足,通过"以工代赈"的方式进行社会救济,由政府修建公共设施,虽然在很大程度上解决了就业问题,但也造成了财政赤字。此后近百年,美国政府大多数时间都是在负债运营。

因此,罗斯福新政一直存在诸多争议,甚至有学者认为罗斯福并没有解决经济危机。

与其说罗斯福新政拯救了美国,不如说是二战拯救了美国。

二战期间,美国成了世界工厂。二战后,美国一跃成为超级大国,经济更是一枝独秀。

二战后,美国的 GDP 达到了顶峰,为全球的一半。工业生产能力占全球 40%。美国的钢铁产量占到世界的 63.92%,石油产量占到世界的 70% 以上。美国的黄金储备更是惊人,占据全球的 75%。

二战后,从杜鲁门到艾森豪威尔,美国优哉游哉地过了几年好日子。肯尼迪时期,还可以凭借超强国力把人类送上月球,约翰逊时期推出"伟大社会"计划,大发福利,但此后陷入越战泥潭,经济遭遇危机。

1962 年,肯尼迪在《经济复兴与增长计划》中,要求国会通过增加失业津贴和社会保险金、提高最低工资标准、对农民提供紧急救济、对房屋建筑和清除贫民窟提供经费以及重新开发萧条地区等法案。此外,肯尼迪还指示各联邦部门加速开支,按新的最低工资法提高被该法排除在外的政府雇员和政府洗衣工人的工资,发放免费食品券,降低联邦住房管理局贷款利息,增加 30 亿美元的政府预算。

肯尼迪政府奉行降低长期利率、提高短期利率的有限廉价货币政策。联邦储备委员会与肯尼迪政府达成协议,购买政府发行的长期债券,降低长期利率,刺激投资。这一协议被称为

"双重利率"政策。

1963年1月24日,肯尼迪经过多方酝酿,向国会提出减税133亿美元和税制改革的特别咨文;当年8月12日,肯尼迪政府财政部长狄龙向国会建议在两年内减税160亿美元,公司所得税减20亿美元,个人所得税减80亿美元。减税法案于9月25日在众议院通过,在参议院审议期间,肯尼迪遇刺身亡。1964年2月8日,约翰逊任内减税法案成为法律。

1960年选出的美国第87届国会是相对保守的一届,以致肯尼迪的"新边疆"政策在立法上举步维艰。不过,肯尼迪仍然推动国会通过了有关增加失业赔偿、提高最低工资、改善城市环境、减税等重要法案。肯尼迪遇刺留下了众多亟待解决的问题。实际上,肯尼迪的"新边疆"政策是其后继者约翰逊"伟大社会"的前奏。

在扩大社会福利方面,美国政府提出支持各级教育和卫生的法案。1965年通过的"中小学教育法"是美国历史上第一个对中小学实行普遍援助的法案;同年通过的"高等教育法"是美国历史上第一个向贫困大学生提供联邦奖学金和低息贷款的法案。

约翰逊时期,试图通过减税让企业界感到满意,并在某种程度上改善穷人和少数民族状况,以缓和社会矛盾,转移以民权运动为主的群众斗争方向；同时，通过职业培训计划使依赖政府救济的穷人获得就业机会，由"食税者"变为"纳税者"，提高他们的购买力。结果却是不可逆地提高了福利支出，美国财政盈余的状况一去不返。

终于，在20世纪70年代初，美国爆发了1933年大萧条以来最大的经济危机。在生产下降和失业率猛增的同时，物价不但没有下跌反而大幅度上涨，成为高通胀、高失业率和低经济增长并存的独特经济现象。

凯恩斯主义的神话难以为继。怎么办？1980年，刚刚当选的里根总统决定反其道而行之。里根政府结合供给学派和货币主义等保守主义经济学说，推出了一整套经济方法，扭转了美国经济的衰退。

里根政府秉承保守主义理念，主张减少政府在经济生活中的作用，减少政府预算开支，削减政府在社会福利方面的开支，如食物券、儿童抚育补助、医疗补助、失业保险金、伤残保险金、退伍军人福利和老年残废救济等，目的是改变联邦政府过重的社会福利负担，由州和地方政府更多地负担社会福利保障的责任。

里根当政期间，有一个年轻的富家子弟对其十分佩服，他就是唐纳德·特朗普，他当上美国总统后推出的经济政策，有很多里根的影子。

里根以及特朗普的经济政策，简而言之就是大规模减税，通过减税刺激工商业发展，从而做大蛋糕，增加产出。

1981年，美国国会通过了里根政府提出的税法，要求从1981年10月起的三年内，分三次降低个人所得税，共减少个人所得税23%。

1986年，税制改革法案通过。个人所得税的最高税率降低，不同阶层的税率都有下降，全国人均免税额减少了6.4%。

减税之外，里根政府还放松了政府对企业规章制度的限制，减少国家对企业的干预。当时，美国企业不仅负担着较竞争对手日德等国更高的税率，更受到各类国内法规的严格限制。过多的政府干预妨碍了市场的自由发展，压制了企业的自主权，扼杀了企业的创新力。里根上台后对一系列无益于企业发展的法律法规进行修改，成效显著。

总体而言，里根政府实施的经济政策使美国摆脱了70年代的滞胀危机，使美国经济走上了正轨，国民生产总值出现了持续70多个月的增长，并创造了1900万个良好的就业机会，开创了20世纪80年代的繁荣。尽管出现了诸如高财政赤字、贸易逆差等现象，但其积极作用仍然明显，也为大多数美国人所认可。

里根之后，布什总统萧规曹随，不过，美国经济振兴乏力，债务不断增加。克林顿1992年就任总统后,抓住新一轮科技革命的机会,建设信息高速公路,鼓励互联网发展,让美国引领产业高峰的同时又出现了财政盈余。这是从尼克松到特朗普,美国政府罕见的没有负债的时期。

20世纪90年代后期,高科技和互联网公司次第出现,纷纷上市。然而到了新世纪,网络泡沫化明显,终于导致2001年开始泡沫破裂,互联网迎来寒冬。2001年美国经济恶化,失业率和破产公司数量都大幅上升。

21世纪初期,小布什竞选成功,美联储采取低利率政策,意图拉升经济并解除诸多商业管制,尤其是金融业管制,但放松管制的结果是2007年金融危机爆发。这次金融危机的实质是资本未进入实体经济。

美国的劳动力成本和产业结构在全球制造业中没有优势,逐利的资本流入次级房贷市场,成为债务消费的动能和房价炒作的趋势,许多大城市郊区的房价6年内上涨3倍,华尔街将其包装为衍生金融商品,再卖回市场,以赚取手续费并分担风险,该类商品漂洋过海,卖往欧洲所有国家和亚洲少数国家。

如果房价一直持续上涨,各方都能受益。然而2007年房价增长无以为继,次贷风暴爆发。以雷曼兄弟倒闭为标志的金融海啸拖累世界经济,美国官方失业率一度超过10%,通用汽车、花旗银行、美林证券等大型企业纷纷乞求政府纾困,导致政府债务大幅飙升超过 13 万亿美元。

金融危机后,美国政府采取各种政策积极振兴实体产业,然而,美国制造业在危机后的十余年里仍然难改下降趋势。美国制造业并没有实现期望中的重振和繁荣,反而再次亮起红灯,导致传统的工业地带,即铁锈带,经济增长乏力,就业难题持续困扰政府,民众不满情绪增加。这一背景,也是特朗普于 2016 年大选中战胜希拉里的重要原因之一。他提出的"美国第一""重建美国"等口号,得到了铁锈带传统美国白人的支持。

第四节　美元的世界霸权

了解美国经济的人都知道,美国一遇到问题就会印钞,金融危机后更是不加节制。用美国官方的话来说,这叫"量化宽松"。

美国印钞,有一个从守规则到克制,再到泛滥的过程。

二战后,美元与黄金挂钩,后来黄金外流,美国撑不住了,尼克松宣布浮动汇率,美元不再与黄金挂钩。里根就任后,严格控制货币供应量的增长,实行稳定的货币政策。1979 年美国通胀率高达13.3％,而60年代初期的通胀率还不到2％,通货膨胀达到惊人的地步,1960年的1美元到1981年只值3角6分。

里根上台后实行严格紧缩的货币政策,用提高银行利率等措施来控制货币供应量和紧缩信贷,以降低通货膨胀率。

第一,抑制了严重的通货膨胀,在稳定物价方面起到了良好的效果。严格紧缩的货币政策对于抑制通货膨胀和改变人们通货膨胀的心理预期起到了调节作用。在20世纪80年代,通货膨胀率以及物价水平一直保持低位状态并呈下降趋势。

第二,推动经济持续增长。里根政府的减税、放松对企业的管制和增加国防开支等经济政策,对经济发展起到了很好的推进作用,使得美国经济稳步回升并保持增长。由于放松了对企业的严格管控,市场活力得以恢复,市场竞争加强,美国经济重新焕发了蓬勃生机。

第三,推动了科学技术的发展。在里根政府时期,大量的国防开支应用于军工研发及生产。国防工业的发展不仅增强了美国的军事实力,同时也促进了科学技术事业的发展。这一阶段诸如波音、麦道、洛克希德·马丁、雷神等军工企业迅速崛起,并且很多技术开始应用于民用工业。

然而,里根的政策也带来了诸多问题。

第一,美国财政赤字加剧。自1981年开始实施新经济政策以来,因为大规模的减税和增加国防预算,原本巨大的财政赤字愈加庞大,政府大量举借外债以弥补赤字。1986 年,美国由世界最大债权国变成世界最大债务国。

第二,贸易逆差扩大。美国的储蓄率低,使其巨大的财政赤字不能完全由国内资金弥补,只能依赖于外国投资者的资金。在里根总统任期内,不得不维持较高的利率以吸引外国债权人。由此美国出口商品的竞争力开始下降从而导致出口下降,美国从国外进口商品的数量则不断增长。

第三,贫富差距拉大。里根的税制改革使全体美国人的税额平均减少 64％,其中超富裕阶层平均降低 16％,低收入者的实际税率下降不多。而里根政府所削减的开支,以 1984 年为例,其中 60％集中在低收入补助项目上。因此有人戏称这是一种"劫富济贫"的经济政策。

面对债务,面对危机,美国的绝招便是印钞,即"量化宽松",2008 年面对金融危机时如此,2020 年面对新冠疫情时也是如此。那么,问题来了,美国印钞为什么在多数情况下没有导致国内物价飞涨,它印的钱都去哪儿了?

这就是美元的奥秘,这就是美元霸权带给美国的超级福利。钱印出来后,分发到世界各地,给美国带回各种廉价商品。

有人说,天下哪有这样的好事? 美元为什么在全球有这么重要的地位？为什么大家都认它？其实，美元并不是一个独立的存在，它背后是战后美国打造的布雷顿森林体系的结果，也就是说，美元和美国的霸权是相辅相成的，它们之间是一种剪不断、理还乱的关系。

美元之前，英镑在全球占据着主要的储备货币的地位，但英镑在二战之前便开始衰落，世界分成几个不同的贸易区块，有人用马克结算，有人用法郎结算，当然在美洲用美元结算。这时候，整个全球货币体系四分五裂，国际贸易受到很大的阻碍。

二战以后，美国占据了绝对主导地位，就开始和英国商量货币问题。当时英国主管财务政策的是凯恩斯，他和美国说希望能继续维持英镑的主导地位，但实力实在是相差太远。美国说那我们开会研究一下吧，于是就在一个叫布雷顿森林的地方开了一场会，从此确立了一个体系叫布雷顿森林体系，这一体系确立了美元才是老大。

大家说美元当老大，你拿什么做保证啊？美国当时黄金储备满满，就说我拿美元兑黄金，你有多少黄金，我就兑多少美元，美元的信誉就等于黄金的信誉。

简言之，布雷顿森林体系的主要内容包括以下几点：

第一，美元与黄金挂钩。各国确认 1944 年 1 月美国规定的 35 美元一盎司的黄金官价，每一美元的含金量为 0.888 671 克黄金。各国政府或中央银行可按官价用美元向美国兑换黄金。为使黄金官价不受自由市场金价冲击,各国政府需协同美国政府在国际金融市场上维持这一黄金官价。

第二,其他国家货币与美元挂钩,其他国家政府规定各自货币的含金量,通过含金量的比例确定同美元的汇率。

第三,实行可调整的固定汇率。《国际货币基金协定》规定,各国货币对美元的汇率,只能在法定汇率上下各 1‰ 的幅度内波动。若市场汇率超过法定汇率 1‰ 的波动幅度,各国政府有义务在外汇市场上进行干预,以维持汇率的稳定。若会员国法定汇率的变动超过 1‰,就必须得到国际货币基金组织的批准。

第四,各国货币兑换性与国际支付结算原则。《协定》规定了各国货币自由兑换原则。另外,考虑到各国的实际情况,《协定》作了"过渡期"的规定,规定了国际支付结算原则:会员国未经基金组织同意,不得对国际收支经常项目的支付或清算加以限制。

第五,确定国际储备资产。《协定》中关于货币平价的规定,使美元处于等同黄金的地位,成为各国外汇储备中最主要的国际储备货币。

第六,国际收支的调节。国际货币基金组织会员国份额的25‰以黄金或可兑换成黄金的货币缴纳,其余则以本国货币缴纳。会员国发生国际收支逆差时,可用本国货币向基金组织按规定程序购买(即借贷)一定数额的外汇,并在规定时间内以购回本国货币的方式偿还借款。会员国所认缴的份额越大,得到的贷款就越多。贷款只限于会员国用于弥补国际收支赤字,即用于经常项目的支付。

我们知道,黄金是硬通货,如果美元和黄金挂钩,就相当于美元也是硬通货。大家一听这个就放心了,从那时起,美元就成了全球主要货币。后来各国经济发展,于是就不停地拿美元来兑黄金,法国还一度开着军舰去纽约提取黄金。

等到尼克松当总统时,美国人发现黄金储备只有六百公斤,非常惨了!怎么办呢?尼克松当时痛定思痛,宣布脱钩,以后美元和黄金不存在对应关系了,你们自便吧。但即便如此,全球整体已经形成了对美元的依赖。美元不和黄金挂钩意味着它可以多印点,不用去兑黄金了,但实际上它多印了之后还是会进行不同渠道的各种分发,大家还是离不开美元,关键是在和黄金脱钩以后,它又和石油挂钩了。

石油又叫液体黄金,几乎所有国际市场的石油结算都用美元,这等于就是一个稳定器,又把美元稳定了下来。虽然美元有危机,但还是一点一点地挺过来了。其实用美元就像大家用Windows 一样,一开始也有各种竞争对手,但发现大家都用了,那我就先用盗版吧。当时比尔·盖茨很开心，说你们盗版吧，我欢迎你们盗微软的版。就这样，盗版以后，全球98％的桌面操作系统都被 Windows 覆盖，再有其他任何东西出来大家也不会认了。

就这样，美元经历了二战之后的爆发期，经历了石油危机之后石油和美元的挂钩，一直到现在还比较坚挺。

前些年，有学者提出一个问题，说我们中国制造了那么多的商品，一船一船的运到美国，他们可以享受低廉的价格；但我们换回来的就是一张张的钞票，而这个钞票美国是可以印的。面对 2008 年的金融危机，面对 2020 年的疫情，美国又采取了印钞计划，2021 年拜登政府更是无限制印钱。当然，美国人印钞有一个非常好听的词，叫量化宽松，这种量化宽松就像大水一样可以灌到世界各国，反而让美国感觉压力不是那么大。

有人崇拜美元，有人认为美元是世界的祸害，这些都可以理解，不同的人从不同的角度看问题。欧元出现后，本来是有希望和美元抗衡的，但是这么多年美元一直打压欧元，导致欧洲很无奈，但也没有办法。其实，美元只是钞票，背后是维持美元霸权，而美元霸权地位的背后，是美国经济实力做保障的，再背后，就是它的军事实力做保障。

所以，全球对美元的态度是又爱又恨，颇有些哀其不幸、怒其不争的态势。欧元、日元、人民币、英镑甚至卢布都梦想着和美元并驾齐驱,均分天下,但美元的大幅贬值,总是先给其他货币带来沉重打击。如同茫茫大海中的航船,最大的那一艘抗击打能力最强,海啸袭来,总是那些小船葬身海底。

那么,全世界人民联合起来打倒美元行不行?从现实的角度看,有利有弊。美元假如轰然倒下,对全球经济而言的确可以称得上灾难,受打击最大的就是那些出口至上的国家。西班牙《起义报》曾列举美国和美元都不能倒下的八个原因,听起来蛮有道理,摘录如下:

第一,美元是国际兑换和储备货币,各国在贸易中使用美元,外汇储备的大部分资产也是美元,因此美元倒下意味着全球资本主义体系的大范围崩溃,没有一个国家能够幸免。

第二,世界银行和国际货币基金组织指出,超过70％的世界外汇储备是美元,25％的储备是欧元。

第三,国际清算银行的资料显示,全球每天发生的国际贸易中有86％涉及美元结算,美元通常作为其他两种外币的中间兑换货币。虽然这一数字与2001年90％的比例相比有所下降,但没有任何其他外币能接近这个比例。

第四，尽管担心会出现资产流失，但各国央行几乎三分之二的储备皆为美元资产。

第五，世界银行和美国商务部指出，80％的国际贸易、70％的世界进口贸易和几乎所有石油贸易都使用美元结算。

第六，国际金融体系正在"美元化"，股市和国际货币市场主要使用美元，大型银行和投资基金在全球范围发行美元资产和债券，并在华尔街设立业务总部。纽约股市是全球最大的货币市场，在全球范围经营的各大跨国公司的美元金融活动大多聚集于此。如果美元崩溃，华尔街就会爆炸，拖累世界所有货币市场。

第七，世界银行指出，新兴国家和发达经济体超过75％的国内生产总值以美元结算。对于那些严重依赖原材料如石油出口的国家，美元化的比例可能更高。

第八，在全球范围内控制投机金融体系和生产经济体系的跨国企业和金融集团大多使用美元进行交易、投资和获取利润，因此美元的终结将会使世界经济活动在数小时内陷入瘫痪。

文章的最后一句话更是点出了问题的本质：

　　总而言之,若要毁坏"美元帝国",不仅必须提出和设计全新的国际经济和金融秩序,还要说服美国忘了自己的核武库、航母和遍布世界的军事基地,并宣布"和平"放弃自己在资本主义体制中的霸主地位。

　　这篇文章发表于 2011 年。之后,各国越发开始警惕美元,不仅注重外汇储备多元化,而且试图进行货币互换,以便减少对美元的依赖。根据 IMF"官方外汇储备货币构成"(COFER)的最新调查,2020 年,各国央行持有的美元储备比例下降至 59％,这是 25 年来的最低水平。

第七讲　美国的种族问题

英国移民到新大陆,碰到的第一个问题就是种族问题。与西班牙人和本地土著通婚不同,英国人坚持保持种族的纯洁性。正是在这个基础上,才出现了对印第安人的屠戮。之后,来自欧洲大陆各国、亚洲各国的不同种族人群移民美国,种族问题一直是美国社会的关键因素。美国的发展史,也是一部不同种族人群之间合作、斗争、共存的历史。

美国人口超过三亿,其中少数民族人口超过了一亿,西班牙裔是美国人数最多的少数民族,有 4 480 万人,占美国总人口的14.8%。非洲裔美国人现有 4 000 万,亚洲裔有 1 400 万左右。

在美国,种族问题是敏感话题。从政治正确的角度而言,不得因为种族而歧视,招聘广告如果写上某某种族不受欢迎,公司将会面临灭顶之灾。在 NBA 的一场比赛后,洛杉矶快船队老板讨厌甚至仇恨黑人的言论被媒体报道后,他不得不卖掉这支球队。然而,这只是表象,内心深处的隔阂是看不到的。

第一节 美国的种族分布

美国的种族分布,应该从印第安人说起,因为他们才是这块土地最早的拥有者。美国殖民的历史,便是印第安人的苦难史。

印第安人(American Indian),是对除因纽特人以外的所有美洲原住民的统称,并非单指某一个民族或种族,印第安人分布于南美洲和北美洲各国。他们所说的语言有上百种,一般统称为印第安语或美洲原住民语。印第安人的族群及其语言的划分至今没有公认的分类。

为掠夺土地和资源对印第安人实施种族灭绝,是美国罄竹难书的殖民罪行之一。16世纪,欧洲殖民者大量奴役甚至屠杀印第安人。在美洲,大约有6 000万印第安人;而在美国,印第安人仅占全国总人口的1.2%左右,不到500万。

印第安人世世代代居住在美洲大陆,他们建立了玛雅、阿兹特克、印加等帝国。从西班牙殖民者踏足这块新大陆开始,他们就遭到了屠杀,对于欧洲来的天花等病毒的无免疫能力,更导致他们大批量病逝。

在北美,经过白人殖民者的多次屠杀,残存的印第安人被驱赶进不毛之地的"保留地",之后由于恶劣的生存条件又有大量人口死亡。1860 年之前,美国政府在统计美国人口时是不包括印第安人的。1980 年人口普查表明美国有 140 万印第安人,自 1860 年以来,这是这个民族在美国第一次超过 100 万人。

由于受到政府的限制,印第安人长时间以来不能离开"保留地",这对他们接受现代学校教育、参与现代经济活动极其不利。在白人的小说、电影中,印第安人总是面目可憎的"吃人生番"。1992 年拍摄的《与狼共舞》是许多年来第一部正面描写印第安人的电影。

存在于白人与印第安人之间的隔阂,实际上比白人与黑人之间的隔阂还要深。自 20 世纪 80 年代以来,许多部落的印第安人根据历史上美国政府签署但后来被白人单方面撕毁的协议、契约,与白人打官司,要求退还被侵占的土地。印第安人的"索地运动"虽然规模不大,但也成为困扰各州和联邦政府的一件令人头疼的事。

"美国印第安人运动"经过 30 多年的斗争,在 20 世纪 80 年代使印第安人获得了免税和自治等权利。为了缓解印第安人的贫困问题，1988 年美国国会通过了《印第安人赌博法案》，准许各州印第安人部落开设以赌博为主业的夜总会。

此外，拉丁裔也是美国少数民族的重要组成部分。西班牙移民和当地土著结婚生子，形成了具有独特气质的拉丁美洲人。在美国，拉丁美洲裔移民的数量已经超过黑人，仅次于白人。在过去的一些人口普查中，他们有时也被统计为白人，但是他们讲西班牙语，肤色较黑，很容易与其他白人区别开来。按照美国的传统观念，白人混血后就不是白人了，比如说，奥巴马的母亲是白人，父亲是黑人，因此奥巴马就不是白人。

拉美裔移民里，最重要的是墨西哥裔，其次是波多黎各裔。这或许就是历史的轮回。美国西南部的几个州，包括得克萨斯、新墨西哥、加利福尼亚等，历史上都曾属于墨西哥，美国在战争中夺得了这些土地。而今，墨西哥人以移民的方式回到了祖先的土地，且有着越来越大的影响力。

不过，整体而言，由于语言差异和教育水平较低，拉丁美洲裔在美国社会中处于不利的竞争地位。每年都有大量非法移民从墨西哥跨越边境进入美国，从他们踏上美国国土的那一天起，就成为移民局和警方搜捕的对象。关于墨西哥裔非法移民的纠纷，有时还会演变为美国与墨西哥两国之间的外交交涉。美国西南部的农场主年复一年地需要季节性廉价墨西哥劳工，承认他们是支撑美国农业的重要基石,但又绝对不希望他们留居美国,这种纯粹为利用廉价劳动力的思考方式是墨西哥非法移民问题的主要根源。

为了对付墨西哥以及中美洲的移民,特朗普当选总统后修建了一道墙,但此举遭到民主党人的反对。有人说,墨西哥的问题是离美国太近,离天堂太远。

说起美国少数民族的典范,离不开犹太人,美国人的钱袋子在犹太人手里,这话大体不假。美国的犹太人人口大约有 530万,成为以色列之外犹太人最多的地区。

欧洲犹太人移居美国始于 17 世纪中叶,但大规模移民是19 世纪 80 年代的事,其外部原因是欧洲社会动乱与排犹活动猖獗,内因则是美国市场经济蓬勃发展,需要大量劳动力与知识分子。

早在 1924 年,美国的犹太人口已多达 250 万左右。但在1924 至 1944 年,即纳粹德国排犹、灭犹最激烈的时期,美国仅吸收了 10 万犹太移民(平均每年吸收 5 000 人);1944 年至今共增加了 250 万犹太人口,大体上每年吸收 5 万名犹太移民。

犹太人是与"富有"联系在一起的。全世界最有钱的企业家中犹太人占了一半,美国百万富翁中犹太人三居其一。福布斯美国富豪榜前 40 名中有 18 名是犹太人。

《纽约时报》《华盛顿邮报》等许多主流媒体由犹太人创办，一大批著名记者、编辑和专栏作家都是犹太人。美国几乎所有大电影公司都由犹太人创建，如华纳、派拉蒙、米高梅等，还有许多犹太大导演、影星。当代美国文学、戏剧、音乐等一流作家中60％是犹太人。

犹太人在金融界的实力首屈一指，包括许多金融巨头公司老板、美国联邦储备委员会主席格林斯潘、"金融大鳄"索罗斯、"股神"巴菲特、"脸书"老板扎克伯格等。二战后，犹太人控制的产业从百货、服装延伸到钢铁、石油、化工、军工、电子、餐饮、娱乐等。

犹太人从 20 世纪初开始在美国担任政府部长、州长、市长等要职。基辛格曾任尼克松和福特两位总统的国务卿。克林顿政府有 5 位犹太要员，布什总统也有 3 位犹太幕僚。犹太人还担任多届联邦最高法院大法官。目前，美国犹太人参议员有 10人，众议员有 27 人。美国还有 200 多个犹太组织，其中"美国犹太人公共事务委员会"是最强大的"院外集团"，对美国决策的影响举足轻重，任何一位总统都不敢忽视犹太人的势力。

说起美国的种族问题，黑人问题最为严重，也最为复杂。

黑人是在违反其意志的情况下被强行带到美国的唯一种

族。黑人奴隶最早被当作商品出售,是从公元 8 世纪阿拉伯人征服北非之后开始的。哥伦布 1492 年发现美洲大陆后不久,为了开辟殖民地的种植业,西班牙开始把从非洲购买或劫掠来的大批奴隶运到新大陆。

此后的几个世纪,被运到西半球的非洲奴隶人数高达 1 000 万。由于运送途中死亡率高,最终只有几百万人安全抵达新大陆,其中约有 40 万人被贩运到今天美国境内的各个州。1825 年,美国拥有的奴隶人数居西半球各国之冠,占整个西半球奴隶总数的 1/3 多。

侥幸在遥远路途中存活的黑人被运到美洲大陆后,生存状况非常糟糕。除了日常超负荷的劳作外,还经常受到鞭打。他们的子女遭受贩卖,夫妻被迫分离,不能有自己的姓氏,不能读书识字……

为了反抗奴隶主的欺压,投毒和纵火是当时奴隶最喜欢使用的反抗方式。劳动时偷懒,旷工,糟蹋农具和设备等,也都属于普遍现象。而奴隶主们为了防止奴隶逃跑,不仅筑起篱笆或设置岗哨,还通过使奴隶处于无知、依附和恐惧的心理状态来实现管控。

毋庸置疑,精神控制的作用远大于肉体折磨。其中,有学者研究发现,美洲南方奴隶主的办法是试图将奴隶训练为干活的机器。

作为工人,黑人在奴隶制度之下没能养成个人责任感。由于其主体精神世世代代受到压抑,又缺乏激励,他们只想把工作做到仅仅不受惩罚的程度即可,还养成了磨洋工的习惯。这种习惯在奴隶制消失之后仍然在他们身上长期存在着。当然,如果在美国这么说,就是政治不正确了,会遭遇各界的批判。

说到黑人,离不开几座城市,如底特律。

底特律原本是闻名世界的汽车工业之都,是美国汽车产业三大巨头——福特、通用、克莱斯勒诞生的地方,也是美国中北部地区的工业中心。然而,自从黑人大批迁入底特律之后,社会治安急剧恶化。

底特律的治安恶化自 1973 年选出首位黑人市长科尔曼开始,原因之一是他向富人(大多是白人)多收税,然后给穷人(大多是黑人)发福利。白人感到不公,纷纷逃离,黑人却很高兴,所以他连选连任,市长一当 20 年。

后来,黑人市长克瓦姆·基尔帕特里克当政 6 年,因欺诈、勒索、贪污、受贿等 24 项罪行,被判刑 20 年。他的继任者也是一位黑人,名叫戴维炳,是退役的 NBA 球员。据福克斯报道,这位黑人球星市长也是腐败无能,他坐公家的豪华礼车去"夜总会"多达 50 次,还把 29 个亲戚朋友安插到市政府部门。为什么底特律市政府如此腐败却能继续掌权，就因为他们得到了黑人的支持，很多黑人不问是非，只看肤色。

结果是白人纷纷逃离，经济破产，许多被遗弃的房屋成了黑人罪犯和吸毒者的巢穴。近十余年，底特律一直在全美"最危险城市"的排名中名列前茅。

黑人作为低收入群体，享受联邦福利和地方政府福利。如果按族群人口比例计算，美国黑人是领取福利券最多的族裔，尤其是奥巴马上台后，美国发放福利券更加宽松。奥巴马执政时，美国领取福利券的高达 4 800 万人，差不多每六个美国人就有一个领福利。而事实是，美国根本不存在每六人中就有一个活不下去的情况，太多的人在钻福利的空子。

那些到处转悠，在街头游手好闲的黑人，正因为有福利可领，才可以不去工作。美国很多装修、清扫、修整庭院的工作，都是墨西哥人等拉美裔在做，那些活儿黑人怎么就干不了？就因为他们已经成为不需要工作的"贵族"。

过度的福利反而产生了负面效果，黑人社区犯罪率偏高，尤其是抢劫、枪击等暴力犯罪偏高。有时候，黑人青少年们会玩一种残酷的游戏：他们在街头闲逛，随机选择一个陌生人，从身后袭击，对路人的后脑勺、颈部一拳击倒，再把视频发上网炫耀自己多么强大，许多无辜的市民受伤甚至死亡。

美国黑人占总人口的 12%,却占监狱人口的 50%。在美国,三分之一的黑人不是在狱中,就是在缓刑,要不就是正在等待审判,他们的犯案人数比他们上大学的人数要多得多。

对此,黑人感到不公,认为自己受到了歧视。20 世纪 60 年代,由于这种思想和社会整体动荡,底特律的黑人居民与白人社会流血冲突不断,导致 43 人被杀,1 100 人受伤,2 900 座商店和建筑物被毁。自此,白人开始纷纷逃离市中心,美国诸多城市核心区混乱不堪、郊区富足稳定的状况开始出现。

第二节　黑人斗争史

2020 年,因黑人乔治·弗洛伊德之死,引发全美骚乱,让美国的种族问题显得愈发严重。纵观美国历史,有相当大一部分是由黑人和白人的斗争写成的。

从 19 世纪的废奴运动到 20 世纪的民权运动,黑人作为少数民族进行了不屈不挠的斗争。如今的美国,种族平等的观念深入人心,白人在工作、生活中稍有种族主义言论,便会给自己招惹麻烦。

有一次我在美国访问时,恰逢弗吉尼亚校园枪击案。美国媒体铺天盖地都是关于唐·埃莫斯的新闻,这位可怜的主持人,言辞之间侮辱了黑人女子运动员,结果被炒了鱿鱼。

这就是美国的政治正确,对于黑人或其他弱势群体,公开场合是不能有任何歧视或侮辱性言辞的。心里可以这么想,但嘴上不能说。说出来便是政治不正确,后果很严重。

黑人享受各种优惠,除了福利券之外,参加美国"高考"时也享受优惠。比如说,各高校照顾黑人,华裔 SAT 要比黑人高 400 多分,才能上同样档次的大学。

当然,黑人的地位也是靠斗争得来的,间接提高了其他族裔的地位,让犹太人的智慧、华人的经商之道也得以尽情发挥,由此还出现了"美国人的智慧在犹太人脑子里,美国人的金钱在华人口袋里"这种夸张的言辞。

北美殖民地初创时期,大量黑人作为奴隶从非洲运来。据史料记载,第一批抵达北美的黑奴比"五月花"号还要早一年。房龙说,当时的南方白人有着不正常的信念,认为白人天生优于黑人,北方人则认为黑人不过是皮肤有点黑的白人。

1865 年,美国国会通过第 13 条宪法修正案,全面废除奴隶制。

然而,奴隶制的终结没有换来黑人地位的巨变,他们仍然面临种族隔离和缺乏教育等障碍,南部白人农场主组织了"三 K 党",对争取自由权利的黑人施行私刑。1871 年,美国政府颁布了制止"三 K 党"活动的法律,但之后"三 K 党"在南部各州多次复活,鞭打、杀害黑人的事件时有发生。

1870 年,黑人赢得选举权,但他们的二等公民地位并没有立即改变,南部各州相继制定法律,剥夺黑人的选举权,确保白人比黑人享有更高的地位。1890 年,密西西比州率先召开了剥夺黑人选举权的制宪会议。1895 年,南卡罗来纳州紧随其后剥夺了黑人的选举权。1898 年,路易斯安那州也采取了类似的措施。此后,各州纷纷修改州宪法,剥夺黑人的选举权。到 1910 年,北卡罗来纳、亚拉巴马、弗吉尼亚、佐治亚和俄克拉何马各州都以法律条款的方式剥夺了黑人的选举权。

上有政策、下有对策,美国南部各州对付黑人的手段概括起来包括人头税、文化与品质测验、财产规定、祖父条款以及白人初选制。

比如说,在南卡罗来纳州,文化与品质测验以及 300 美元的财产规定就剥夺了 16 万黑人男子的选举权。在路易斯安那州,1896 年有 13 万黑人享有选举权,10 年后享有选举权的黑人仅剩下 1 300 人。美国历史学家摩根·库泽尔指出,"对黑人和穷白人选举权的剥夺,是一项典型的进步运动改革";南部上层白人则认为,剥夺"卑贱者"的选举权,是恢复"好政府"所必须采取的手段。

为了寻求新的机遇,美国黑人形成了一股从南方农村移民北方城市的浪潮。可是,许多城市黑人依然找不到工作,根据法律和习惯,他们必须与白人分开,居住在城市的黑人区里。他们的生命强不过农民家里的一只鸡,经常遭到谋杀。黑人和白人不能同餐、同浴,也不能同住一个宾馆。有一部温情脉脉的好莱坞电影《绿皮书》,再现了黑人白人隔离的场景。电影虽然温馨,却掩盖不住黑人受歧视时的残酷。

这种状况到 20 世纪 50 年代发生了改变,所有美国人,无论黑人还是白人,都应该感谢马丁·路德·金博士。

1955 年 12 月 1 日,一位名叫做罗沙·帕克斯的黑人妇女在公共汽车上拒绝给白人让座,因而被蒙哥马利当地警员以违反公共汽车座位隔离条令为由逮捕。马丁·路德·金立即组织了蒙哥马利罢车运动,号召全市近 5 万名黑人对公交系统进行长达一年的抵制,迫使法院判决取消地方运输工具上的座位隔离。从此,马丁·路德·金成为民权运动的领袖人物,也成为南方白人的眼中钉。

1958 年,马丁·路德·金博士因流浪罪被逮捕。1963 年,金博士组织了争取黑人工作机会和自由权利的华盛顿游行。就在那一年,他在华盛顿的集会上发表了"我有一个梦想"的著名演说,号召黑人、白人相互包容。1964 年,他被授予诺贝尔和平奖,四年后,他在旅馆的阳台上被一名种族分子刺客开枪打死。

1967 年的"黑人权利会议"上,有人要求"把美国分为两个独立的国家,一个是白人的祖国,一个是黑人的祖国"。黑人组织了激进的"黑豹党",该党发言人宣称,美国面临的选择"要么是黑人的彻底自由,要么是美国的彻底毁灭"。

随着黑人民权运动的高涨,以及黑人人数在包括华盛顿在内的许多大城市中超过或接近人口的半数,政客们看到了黑人的力量。1960 年马丁·路德·金被关押,正在竞选总统的肯尼迪设法将他开释,从而得到了黑人的好感。有分析认为,正是黑人成了肯尼迪当选总统的大票仓。

面对种族歧视,一位黑人大法官也以实际行动公开表达了抗议。

瑟古德·马歇尔(Thurgood Marshall),美国第一位黑人和少数族裔大法官,在被任命前是著名的黑人民权律师,曾作为全美有色人种协进会的代理律师在最高法院打赢过多个重要的民权案件。1987 年,他拒绝庆祝宪法颁布 200 周年。他说,美国历史上大多数时间是种族歧视的历史,是不公平的历史,值得庆祝的,只有最近几十年,而不是 200 年。

目前,有相当一部分人做到了平等看待黑人,很少有人敢公开说种族不平等的言论。20世纪60年代,夏威夷的一位白人女子嫁给了来自肯尼亚的黑人巴拉克,几年后,生下了一个活泼可爱的儿子,取名巴拉克·奥巴马,就是他,改变了历史,成为美国第一位黑人总统,把黑人从政推向了巅峰。

奥巴马当总统,只是一个特例,绝大多数情况下,白人仍是美国社会的主流,白宫五角大楼国会山还是白人男性的天下,这些人继承了华盛顿、杰斐逊留下的平等、自由、民主、法治的传统,有着对条文、契约的尊重和勤劳、简朴的传统,他们决定着美国的价值观和政治、经济、文化走向,他们内心的骄傲、对其他族裔骨子里的瞧不起是根深蒂固的。另外,白人这些年相对地位下降,出现了许多极端保守人士,以及一些素质低下的人,这些人被媒体称为"白人垃圾"。

黑人中当然不乏成功者,黑人的运动天赋、音乐才华,拉美裔人士的浪漫风情都在美国文化里尽情展现。你无法想象,一出百老汇歌剧没有黑人演员的参与。

然而,由于黑人犯罪率比较高,让美国的警察遇见黑人就非常紧张,经常做出过激行为,每隔数年就要引发一场大乱。

2020年5月25日晚上8时许,46岁刚刚受到新冠影响而失业的乔治·弗洛伊德在明尼阿波利斯一间便利店购买香烟,店员怀疑他使用了 20 美元假钞,立即报警。警察到场拘捕了弗洛伊德和他的一名同行者,警察德里克·肖万押弗洛伊德上警车时将他按倒在地,用膝盖顶住他的脖子超过 8 分钟,其间弗洛伊德反复表示"不能呼吸"。有目击者称,被跪压期间弗洛伊德已经失去知觉,要求警员检查他的脉搏,但肖万不为所动直至救护车赶到现场后才将膝盖移开。弗洛伊德被送往当地医院急诊室抢救无效,不治身亡。

法医办公室发表声明称,弗洛伊德的死因是长期疾病导致,但死者家属不满意验尸结果,于是另外委任法医,得出的结论是弗洛伊德因颈部受压窒息而亡,且与新冠无关。

此事经社交媒体发酵后,引发了包括美国黑人在内的各界怒火。自 2020 年 5 月 26 日起,从明尼苏达州明尼阿波利斯蔓延至全美,开始了一系列针对警察暴行和警察种族主义的示威活动。

明尼阿波利斯大规模示威活动期间,数千名示威者聚集在弗洛伊德的死亡地点游行,多家商店遭到洗劫,其他建筑物也遭到破坏,身穿防暴服的警察向人群发射沙包弹和化学制剂。在洛杉矶,有人围攻警车,并焚烧美国国旗。

其时,恰逢美国大选。民主党候选人拜登选择给黑人单膝下跪,表示忏悔,此举博得黑人好感,黑人选票大量流向拜登。

然而,拜登当上总统后,黑人的状况仍未见好转。这一结构性的社会问题,不是换个总统就能解决的。

第三节　亚裔移民现状

在美国的少数民族谱系里,中国人、印度人、日本人、菲律宾人等统称为亚裔。亚裔勤勉工作,收入水平在中位数以上,不招惹是非,做事小心谨慎,因此获得了模范族裔的称号。

亚裔美国人中最大的族群是华人。美国的华人最早是作为"苦力"来到美国的,这种用几元钱招募的华工,一旦上船便被关入底舱,受到的待遇与黑奴一样。他们参与了西部铁路和其他艰苦工程的修建,施工过程中许多人累死。后来华工遭遇种族主义者的杀戮,那些侥幸活下来的人因无路费回国,只好居住在"唐人街"里。

1851年,加州有2.5万华人,1870年达到6.3万人,其中73％住在加利福尼亚。1882年的《排华法案》和其他法律,禁止华人成为美国公民。从1854年到1874年,法律禁止中国人在法庭上提供不利于白人的证词,这实际上等于公开宣布可以任意凌辱华人,华人遭到抢劫、伤害和攻击时,法律是不管的。1871年,在洛杉矶,一伙白人歹徒一夜之间射杀、绞死了20名华人。

由于受到各种法律的限制,华人在美国的发展十分艰难。许多职业禁止雇佣华人,直到1920年,美国就业华人的50%以上只能在洗衣店或餐馆打工。华人开办的商店、企业被课以特别税和附加税。由于《排华法案》的影响,美国华人从1890年的107 488人减少到1920年的61 639人。

处于太平洋战争中的美国政府,出于对日作战的实用主义考虑,终于在1943年废除了《排华法案》,允许华人加入美国籍,并把华人每年的移民限额定为105人。1965年之后,把各国的移民限额改为东半球每年17万人、西半球每年12万人。1976年又把各国的移民限额都定为2万人。只是在这些新的移民政策实施之后,华人才有可能迁入美国定居。

进入21世纪,在美华人涌现出华盛顿州州长骆家辉、交通部部长赵小兰这样的代表,也涌现出竞选总统的杨安泽、选上波士顿市长的吴弭等代表人物。华裔的影响力在增大,但华裔有来自大陆的,有来自港台的,内部也呈现分化状态。

华人之外,第二个重要的亚裔族群是日本人。日本人移民美国始于18世纪末,20世纪初达到10万人。与华人的移民方式不同,日本移民都是经过日本政府挑选的青壮年,他们在美国的权益得到了日本政府的保护。1941年12月的珍珠港事件引发了美国人对日裔的愤怒,第二年有10万居住在美国西海岸的日本人被运送到阿肯色州的拘留营。战后,日裔族群得到了快速发展,他们勤奋而团结,在日裔集中的夏威夷州竞选议员和州长获得成功。

在美国的菲律宾裔人数也不少,在各亚裔族群中一度仅排在华裔之后,但与其他族群相比,居住分散,对美国社会影响不大。

在美国大城市的韩国移民人数虽然不多,但自20世纪70年代以来发展很快,在20世纪80年代迅速占领了包括纽约在内的许多大城市的蔬菜、水果零售业。

华裔、日裔和韩裔的一个共同特点是十分重视子女教育,这也许与儒家文化传统有关。亚裔学生在中学里的杰出表现,令白人社会十分惊奇。20世纪80年代后期加州大学限制亚裔学生入学比例,充分反映了白人社会的担心和对亚裔的歧视。

当下,美国崛起的亚裔是印度人,不仅在收入方面超过了华裔和日裔,政治、经济方面的影响力,更是如日中天。

现任美国副总统卡玛拉·哈里斯是印度裔。2021年,拜登总统提名了20位印度裔政府官员,包括行政管理和预算局局长、卫生局局长,其他印度裔官员占据了包括司法部、国家经济委员会、国安委员会等核心部门。但政客这个行业还不是印度裔最集中的地方,企业管理才是。

在世界 500 强的美国公司中,印度裔的 CEO 占到 30%,如谷歌、微软、IBM、百事可乐、联合利华、万事达、摩托罗拉……而早在 2010 年,印度裔所创立的公司,已经占据硅谷企业总数的 7%。

整体而言,印度裔收入颇高。他们的家庭年收入中线超过 10 万美元,是全美家庭收入中线的近两倍(5.3 万美元),超过华裔,甚至超过了犹太人。

亚裔如此优秀,导致美国各大学开始了"逆向歧视",改变游戏规则。2020 年新冠大流行后,亚裔更是遭遇了莫名其妙的仇恨。

新冠之后,美国发生了很多和华裔或亚裔有关的故事。

有一个老婆婆长得很健壮的样子,在街上啥事都没有,结果一个白人过来对她进行骚扰,还要动手。结果老婆婆拿出一根棍子,把那白人打了一顿。这是多起"亚裔仇恨"后忍无可忍的反击。

另一个故事发生在佐治亚州的亚特兰大。一个白人持枪跑到按摩院,打死了六个亚裔女子和一个白人男子。

这些都叫仇恨犯罪。仇恨犯罪是针对某个种族展开的犯罪行动。新冠疫情以来,尤其是自特朗普一些针对种族的不当言论反复播出以来,针对亚裔的仇恨犯罪大量增加。仅仅是 2020 年,针对亚裔的仇恨犯罪就有 3 800 起。其中,一个日本钢琴家在纽约的地铁上被人袭击,还有一些亚裔女性在街上走着就会被人吐口水或辱骂。3 800 例只是已经报告的案例,并不是全部,有些人可能羞于启齿,有些人可能没有报警。

这说明,新冠之后,对亚裔的歧视从隐性走向了台面。

大多数亚裔都面临着工作上的天花板,一个亚裔员工可能工作非常努力,但别说 CEO,就连总监都很难当上。

在美国,亚裔约有 1 500 万,占美国人口的 5% 左右,这个数据在美国算是一个非常小的少数民族。用一些亚裔的话说,生活在美国,悲哀的地方不是被歧视,而是被忽视。

这么一个小小的群体,居然还四分五裂,很难团结起来争取利益,更是在政治上缺乏团结一致的力量。美国政治的一个特点是大家都一个群体一个群体的去斗争,抱团为自己的群体争取利益。比如说美国的工会,再比如说黑人团结起来为自己的族裔争取利益,但亚裔的声音显然是不够的。

亚裔可能有点钱，在经济方面有影响力，但在政治上的地位还是比较低的，尤其新冠以来，这种状况更是每况愈下。在亚裔里，印度裔是个例外，他们和东亚人的性格非常不同，更适应美国社会。

和印度裔的升官发财相比，韩裔更具有斗争精神。1992 年洛杉矶骚乱时，各个族裔的商店都被抢劫，韩国人拿起棍棒，拿起枪，在自己的社区周围布满岗哨，谁敢来就一枪打死，抢劫者一看大事不妙，纷纷避开韩裔社区。甚至韩国人的孩子在学校里被霸凌，韩国的父母拿起棍子，就去把对方的孩子痛打一顿。所以，有时候维护正义不是要依靠别人，或靠大家团结一致，而是靠每一个个体拥有反抗邪恶的能力和勇气。

这就是美国，每个种族，各有特色。西班牙裔浪漫、懒散，挣点钱够花了就要享受，使劲儿生孩子；而华人呢，执着于挣钱，大多缺乏对公共事务的热情。

多种族共存虽然有矛盾，但也互相取长补短，如果处理得当就会成为大熔炉。如今的美国，漫步华盛顿街头，可见全世界各地的美食，法式大餐挨着越南餐馆，中餐馆靠着意大利比萨店，你要是用蹩脚的中式英语问路，千万别不好意思，大家不会当你"老外"，讲美国英语的来自四面八方，不像英国人那样字正腔圆。少数民族融入美国这个大熔炉,焕发出五彩斑斓的文化,给这个国家平添了各种新奇的元素。

美国白人担心的是在少数民族努力生育、移民继续涌入、白人出生率大幅下降的情况下,白人 50 年后真的有可能变成“少数民族”;担心若干年后是不是真的会出现白人当不上总统、在议会成为少数派的情况。保守的美国白人主张限制移民,保证白人的地位不受侵犯;而多数人则坚持祖宗留下来的移民传统和多元化机制。

怎么办? 这是个谜题,即便睿智如亨廷顿,也只能发出疑问:我们是谁?

第八讲　美国的社会问题

　　美国很复杂,有学者说有"两个美国":一个城市的,一个郊区的;一个是东部的,一个是西部的;一个是共和党的,一个是民主党的;一个富豪的,一个平民的。总之,从不同侧面会看到不同的美国。

　　近年来,随着产业空心化和资本国际化,美国中产阶级从当初的80％减少到60％左右,有些工作永久地迁移到了国外,有些技能在美国根本派不上用场。于是产生了铁锈带,产生了对全球化的敌意。这批人,也是特朗普能够在2016年当选美国总统的主力支持者。

第一节　美国的贫富差距

"快看,美国人穷的吃不起饭了!"这是 2020 年新冠疫情期间网上的新闻标题。这么说的人给出的证据是纽约市免费提供一日三餐。

2020 年 3 月,时任纽约市长白思豪强调:"任何需要食物的人、任何饥饿的人,都可以来领取。没有人会被拒绝,不需要任何费用。"他还说,对于原本习惯前往老人照护机构用餐但现在必须居家防疫的脆弱年长者,纽约市将安排送餐上门服务,确保他们的食物供应。国内有媒体报道这条消息时,加了一句,说纽约州面临严重的财政危机,处于破产状态。

纽约有这么穷吗? 美国有这么穷吗? 说美国穷的消息一直不断。确实,美国有不少穷人。联合国报告就说美国有 4 000 万贫困人口。这事儿该怎么看?

首先,任何国家都有穷人,这就是人类,这就是人生。

印度到处是衣不遮体的穷人,大家觉得没啥,但美国作为世界上最发达的国家,穷人这么多,大家就开始凌乱了。这就是心理预期。也就是说,强大的美国有 4 000 万穷人超出了人们的心理预期。

其次,穷也是有标准的。2011 年美国贫困人口标准是四口之家税前年现金收入低于 22 314 美元或两口之家低于 14 218 美元(2010)。

美国的贫困线以家庭人口和家庭收入为基本要素,且标准逐年提高。2010 年美国贫困人口达到 4 620 万人,创下 1958 年以来的新高。根据美国人口普查局当地时间 2021 年 9 月公布的数据,受新冠疫情影响,2020 年美国贫困率从 2019 年的 10.5% 上升至 11.4%,达到有史以来的最高值。这意味着美国仅在 2020 年就新增了 330 万贫困人口,共计 3 720 万人处于联邦政府的贫困线以下。数据显示,2020 年物价调整后,一个四口之家贫困线标准为年收入低于 26 496 美元。同时,2020 年,美国家庭年收入中位数为 67 500 美元,较 2019 年下滑了 2.9%,这是自 2011 年以来该数值首次出现明显下滑,也是自 1967 年以来的最大降幅。

一个国家贫穷人口有多少,如何画贫困标准线很重要。

美国的穷人,政府还是管的,他们可以向政府申请食品券(Food Stamps)。人口不同的家庭每月可获得的食品券最高金额如下:1 人家庭 155 美元,2 人家庭 284 美元,3 人家庭 408 美元,4 人家庭 518 美元,5 人家庭 615 美元,6 人家庭 738 美元,7 人家庭 816 美元,8 人家庭 932 美元。8 人以上家庭每增加一个成员,可多领 117 美元。

这种食品券就像一张不可透支的银行卡,政府每月把钱打入卡里,持卡者只能在商店购买面包、水果、蔬菜、肉类、鱼类、奶类等食品,而不能用于烟酒等其他生活用品的消费。

所以,很多人穷归穷,但不会饿死。如果想上学也没问题,都有公立学校的免费教育,一般学校会管一顿午餐。这就是为什么疫情导致不开学有的人就不开心了,因为没了学校的免费午餐,给家里增加了不少负担。

不过,穷人的社区,教育水平比较差,教育和社区的好坏是直接挂钩的。所以在美国要上好的公立学校,就要买贵的房子,房子贵的地方教育好,因为房产税相当大一部分是留给当地办教育的。

美国那么多穷人,大多数时候并没有引发大规模混乱,因为穷人不是吃不上饭的赤贫。

美国文化里注重的是起点的平等、机会的平等,而不是结果的平等。

对于贫困问题,各地政策不同,共和党主张小政府,民主党主张大政府。所以,在民主党主政的西雅图,特别重视弱势人群,导致全美国的流浪汉都跑了过去,政府平均每年花在每个流浪汉身上两万多美元。

穷人增多似乎是一个世界现象。科技革命形成了赢家通吃的环境,越来越多的普通工人面临生活困境。一个社会要健康发展,强大的中产阶级是必要的,但过去几十年,美国的中产确实在整体衰退。

美国是世界上最大的经济体,但它不是世界上福利最好的国家。世界上福利最好的是欧洲。欧洲人平均每周比美国人工作的时间短、压力小,工作也相对稳定,关键是各种休假、福利制度一应俱全。

比如在瑞典,一个大学生毕业找不到工作,可以领取约等于人民币 1.23 万元的补助金。这在美国是没有的。但这是不可持续的,欧洲这些年面临的问题是老龄化袭来,福利社会不可持续。但政府削减谁的福利,谁就上街。2019 年法国总统马克龙就碰到过这种麻烦,被黄马甲运动弄得焦头烂额。

美国从建国之初一直崇尚竞争,推崇努力工作赚钱。他们认为有些人穷是不够努力,因为社会给了每个人同样的机会。

但是现在美国的贫富悬殊非常之大。前 20% 的精英人群占据了 90% 以上的社会财富,而前 1% 的富豪占据了 60% 以上的社会财富。在美国的底层社会,贫穷、饥饿以及随时而来的风险都存在,像一些 NBA 球星,虽然月入百万,但他的亲人在贫民窟里,还随时有可能被飞来的子弹打死。喜欢 NBA 的朋友知道,热火队球星韦德的姐姐就是在芝加哥的学校附近被黑帮火拼的流弹打死的。

在美国的富豪和底层平民之间还有个庞大的中产阶级,他们每年的收入是 6 万到 20 万美元,有自己的郊区大别墅,有相对稳定的工作。这个群体的扩大会让美国更繁荣;相反,这个群体如果萎缩,会带来真正的社会问题。因此,2021 年拜登就任总统以来大力增加中产阶级的地位和收入,甚至提出"中产阶级外交",因为这才是社会稳定的基础。

任何社会,一个完整的社会形态,都应该是纺锤形,庞大的中产阶级占据大部分,而富豪和平民都是小部分。贫穷是不可能根除的,只能减少,再富裕的国家也都有穷人。相比而言,北欧是穷人最少的国家,欧洲是更加注重均衡的福利社会,美国更注重竞争,社会压力大,贫富分化明显。

如果中产继续萎缩,穷人继续增多,任何社会都无法承受,美国也不例外。为了照顾穷人,奥巴马发起了全民医保,后来被特朗普废除了。要不要全民医保,在美国争议很大,这也是民主党和共和党矛盾的焦点之一。

整体而言,美国的社会福利不像欧洲那样健全,但也基本覆

盖了社会的方方面面,其中包括:

抚养未成年儿童家庭补助(AFDC)

救助对象:缺少双亲之一的家庭(如配偶一方亡故、离婚或出走)、残疾人家庭、未婚生育的单亲家庭、双亲属于失业状态并在积极寻找工作的双亲俱全家庭等。对于受供养的子女,通常救助到 18 岁,18 岁以上的子女不能再享受该项救助。

救助标准:由各州根据受益人的家庭收入决定,申请补助者必须接受对其资产、劳动收入和其他收入来源的调查。

补充保障收入(SSI)

救助对象:低收入或无收入的 65 岁以上老人、盲人、伤残者。

救助标准:主要由州政府和地方政府决定接受救助的资格标准和救助水平,并负责该项目的行政管理。申请者必须符合收入低和财产少的基本条件并接受严格的资格审查。对于尚有劳动收入者,每月 20 美元的社会保障收入和 65 美元的劳动收入均不计算在收入内,而后每收入 1 美元,减少 50 美分补贴。

医疗救助

救助对象：低收入的老人、盲人、残疾人、孕妇和多子女家庭，能维持日常生活、收入来源却不足以满足全部医疗开支的人，SSI 和 AFDC 的接受者同时也具备医疗救助的资格。

救助方式：提供住院、门诊、化验、X 光检查、专业护理、内科医生和家庭医疗服务等。

住房补助

救助对象：低收入阶层

救助方式：提供低租金的公共住房，提供房租补贴，住房贷款利息补贴，妇女、婴儿和儿童住房补贴等。

食品补助

救助对象：贫困阶层

救助方式：食品券、儿童与老年人营养和剩余食品分配三大项目

救助标准：食品券领取人的总收入不得超过贫困线的 1.3 倍，而纯收入不得超过贫困线。同时，申请食品券的家庭中适宜参加工作的人应证明自己参加了工作或希望工作，并且提供自己的社会保障号码。

教育补助

1. 公民教育基本救助补助。

2. 补充教育机会补助。

（前两项均为给穷苦学生的补助，每人每年都有最高限额。）

3. 由联邦政府贷款给成绩优秀的学生。

4. 大学生工读项目，即给贫穷学生提供工作机会，让他们可以半工半读。

5. 学生向银行、储蓄和贷款协会贷款。

一般援助

救助对象：不符合联邦救助方案资格的人。

救助方式：现金给付，物质救助。

救助种类：如"紧急公共救助"是对火灾、地震、洪水、爆炸、核事故等各种灾害及国际争端中的难民进行安置救援；"贫困家庭子女教育"主要是政府向"学区"提供资金，以资助在其中就学的贫困家庭的学生顺利完成义务教育；"就业机会和基本技能计划"旨在帮助小孩在三岁以上的、享受抚养未成年儿童家庭补助的贫困者接受职业教育或职业培训。

第二节　美国的医保顽疾

　　作为世界上最大的发达国家,美国在医疗方面的困境不仅与欧洲国家有着天壤之别,甚至不如一些发展中国家。美国没有一个普惠的全民医疗保险制度,面对高昂的诊治费用,如果没有保险,因病返贫的例子并不少见。

　　在美国,月收入 5 000 美元左右就称得上"中产"。对于中产,仅医疗保险一项每个月就要掏 435 美元,一年要 5 000 多美元,这还不是最好的医保,充其量是中等。美国人看牙花费很多,而这个价位的医保一般不包括牙齿和眼睛,这两个地方坏了投保人要自掏腰包。

　　这种价位的医保,看诊、拿药、检验一次完成。但它有一个条件很苛刻:所有诊断、治疗都必须在这家医院进行,只有当本院无法医治时,病人才能转到其他医院。正常情况下,要想自由选择医院,那就多掏钱吧。更便宜的也有,每个月 300 多美元,看病直接去定点医院就成。质量如何,只有体会过才知道,但对穷人来说,也没有更多的选择。

在美国,医疗保险的确不便宜,可谁也不敢不买。

30 年前,感冒花上 50 美元就可以治好。而今,医疗成本迅速攀升,如果得了肠炎住院,除掉手术费,每天的住院费、治疗费、护理费、药费加起来至少要 1 000 美元。如果没有医保,看一个感冒也可能收到 1 200 美元左右的账单。如果中产家庭没有医疗保险,即便有车有别墅,生活逍遥,一场大病就可能彻底破产。

这种事后算账的方式引发了众怒。2022 年 1 月 1 日,《无意外法案》(No Surprises Act)开始实施,其目的是禁止大多数美国人收到意外的巨额医疗账单。

这项 2020 年底通过的法案禁止保险未覆盖的医疗机构收取患者巨额的医疗费用。据联邦估计,该禁令每年将禁止约 1 000 万份这样的账单,大多数意外账单都是医疗保险之外的机构向病患收取的。

当病人接受非保险网内的医生和医院的紧急护理或预定治疗时,这项法律可以保护病人,因为这些医生和医院并不是他们自己选择的。届时,消费者只需要负担保险网内的费用即可。

不过,即便是买了医保也不是啥都免费,每次看病都要缴纳 20 美元的"挂号费"、25 美元的"共付额"等。

民众买保险贵,是因为个体面对保险公司,缺乏议价能力。

如果进入了名列"世界500强"的大公司就省心了,这些公司能为员工提供不错的医疗保险。但中小公司的员工就没有那么幸运了。美国的劳工保险是必要的,因公受伤的保障相当完备,但国家没有医疗保险方面的强制规定,因此中小公司就会在这方面偷懒。美国人去中小公司谋职,通常要谈保险,如同这几年中国的求职者关心"五险一金"一样。能不能拿到公司提供的保险,那就看个人运气和谈判能力了。

从人均水平看,美国比世界上其他任何一个国家的人均医疗支出都多,达到7 000美元。相比之下,瑞士每人每年的医疗费用是3 500美元,日本大约为2 000美元,而土耳其只有446美元。美国医疗花了这么多钱,效果却一般,因为保险公司和医疗机构赚取了天价费用。

美国的医疗保障制度非常复杂,各州的保险体系也区别很大。概括来说,无非是商业化保险和政府的医疗救助相结合。

从整个保险体系来看,美国政府承担了65岁以上老年人、贫困人口和残疾人的医疗保险,私立保险机构覆盖了至少56%的人群。2012年前,美国并不要求人们强制购买保险,2012年奥巴马ACA法案出台后,要求大部分人强制购买保险,要求雇主必须为员工购买保险。

商业保险无须多谈,美国5 000多家保险公司中,许多都经营医疗险。美国政府在这方面建立了三类医疗保险项目,医疗保险、医疗补贴和通过联邦所得税税制对私人保险提供隐性补贴。政府医疗补贴项目,在很大程度上带有财政转移支付的功能。医疗补贴项目与医疗保险项目的区别在于,前者是为贫困者而设,后者是为老年人而设。

经过数十年的"医疗通胀",美国政府医保面临着严峻考验。数据显示,美国的医疗费用每年吞噬掉两万亿美元,相当于国内生产总值的17%左右。而在高福利的欧盟国家,医疗费用也只占GDP的10%。如果美国能把医疗费用降低到欧盟国家的水平,美国每年可以节省7 000亿美元。

根据健康事务(Health Affairs)的数据,2014年美国医疗支出30 313亿美元,占整个GDP的17.5%,其中自掏腰包的支出为3 298亿美元,占支出的10.8%。美国总人口3.18亿,人均医疗支出9 523美元,人均GDP为54 502美元。

具体到每个家庭,用于医疗保险的费用也像直升机一样攀升。2000年到2006年,美国工作者家庭的医疗保险费用上升了84%,而同比个人收入仅增加了20%。美国专家认为,医疗保险费用的螺旋式上涨,正缓慢地演变为一场危机。

近30年来,美国的医疗保健费用急剧上升,主要有三个原因:一是人口老龄化;二是医疗服务(包括检查、治疗和护理)复杂化;三是与医疗保健有关的价格上升幅度高于一般的通货膨胀率。

对于沉疴已久的医保体制,改革呼声一向很高。从罗斯福到杜鲁门,从约翰逊到克林顿,美国发动了一次又一次推行全民医保的运动,但结果是一次又一次的失败。

早在 20 世纪 40 年代,杜鲁门总统就想创立一个国家医保体系。1971 年,当加拿大采用政府管理的医保体系时,许多美国政治家也希望这样做。布什总统在 2007 年度"国情咨文"中,就曾建议削减医疗保险的税负:对于购买医疗保险的个人和家庭,给公民个人减税 7 500 美元,每个家庭减税 1.5 万美元。白宫经济顾问委员会成员凯特·伯克说,布什的税收提案可能使"医疗保险覆盖人口新增 300 万人或更多"。

奥巴马之前,改革医保最大的努力来自克林顿总统。克林顿于 1993 年至 1994 年推出医改一揽子计划,他举贤不避亲,任命妻子希拉里为医保改革的负责人。这一举动虽然引起巨大争议,但还是在参众两院顺利通过。原因很简单:对手乐意把这个烂摊子扔给她,看她的笑话。

在希拉里的领导下,500 多人的专家组紧张工作,最终抛出 1 500 多页的改革方案。几乎没有人会认真阅读这份比辞典还厚的方案。归结起来,希拉里希望成立官方的医疗保险机构,企业雇员通过缴纳工资税的方式向这个机构强制缴纳保费,否则将面临罚金或课税;失业人员则将获得政府补贴。

结果可想而知,克林顿的改革计划胎死腹中,希拉里遭遇政治生涯的重大挫折。

最后彻底击败希拉里的,是一则在美国政治广告史上十分著名的"哈里与露易丝"广告:象征中产阶级的哈里与露易丝夫妇小心翼翼地翻着代表克林顿政府全民医保法案的一大袋文件,并抱怨缺乏选择权和似乎没完没了的繁杂手续。这则广告瞬间激发起中产阶级的忧虑。他们惧怕新的医保体系将创建一个巨大的官僚机构,由政府来包办一切;原先自由市场中的选择自由将被剥夺,无论你富有或贫穷,都将接受一样的医疗待遇,而这种缺乏竞争的医疗体系将会是官僚的、恶质的、拖沓的……

希拉里未能完成的任务,奥巴马完成了。

2010 年 3 月,奥巴马医疗法案通过时,美国大约有 3 500 万到 5 000 万人没有医保;法案通过后,没有医保的人数减少到 2 900 万人。

奥巴马医改法案的首先受益者是低收入阶层。这项法律一是统一各州医疗救助的门槛线,65 岁以下的人如果收入在联邦贫困线的 133% 以下,都有权申请医疗救助,过去没有医保的人中有将近一半将由此获得医疗救助。二是建立了保险交易平台,对低收入者购买医保的保费给予补贴,激励他们购买保险。

特朗普上台后,废除了奥巴马医保,多次承诺将推出更好的方案来取代奥巴马医改计划。奥巴马最大的一笔政治遗产,就这样结束了。

第三节　复杂的美国社会

大家对于美国的印象总是和好莱坞、NBA、伊拉克战争、超级大国等联系在一起,可是,从一些细节去观察,也许会看到不一样的美国。

比如,大家都认为美国是个典型的资本主义社会,有钱走遍天下、无钱寸步难行。事实也果真如此,住宾馆、吃饭,都要小费,算起来,这也是不小的一笔支出。

小费可谓无孔不入,显示了美国的拜金主义,但这一看法碰到美国的义工时竟然变成了一个大大的问号。

在一些剧院的检票口,或者其他很多场所,都可以发现义工。比如说,在华盛顿的越战纪念碑前就有义务讲解员,不拿工资,不拿补贴,还要自己搭车上班。有人夸张地说,如果美国的所有义工都不干活,美国社会将坍塌一半。

小费和义工,其实并不矛盾。美国宾馆、饭店的服务员收入很低,要靠小费才能生存。美国各界对于小费文化也有争议,有人主张增加服务人员的最低工资,取消小费;也有人认为小费应和服务质量挂钩,反对整齐划一地涨工资。义工,则是对社会的付出与回报。

这就是美国社会的矛盾之处。另外,对于移民的态度,也和我们所知道的不同。美国虽然反对非法移民,但认为非法移民的子女也必须接受义务教育。所以,特朗普担任总统后,迫使非法移民的子女和父母分离,引发了全社会的反对之声。

在佛罗里达、得克萨斯等地,到美国淘金的移民子女也是学校的免费教育对象。学校里的孩子"五颜六色",来自四面八方,说起英语来也味道迥异。他们可以和美国当地的孩子一样上小学,国家还有帮助高中毕业的优待政策,这样长大成人后可以成为合格的劳动力,至少不是文盲。

办这种学校的,除了政府,还有教会。教会办这类学校的目的之一,就是让非法移民的子女也可以接受正常的教育。和教会做法类似的是公立医院,政府规定,任何人,即使是非法移民,生病后被送到医院也要立即救治,不能收取押金,国家有一笔专门的资金用于此。

于是乎，一个显而易见的问题被提了出来：这些非法移民的子女在本国也未必能受到这样的免费教育，你这不是在鼓励非法移民吗？

美国社会还有一个重大问题，就是持枪。美国的大规模枪击案时有发生，有增无减，这说明美国社会确实出了问题。

美国社会贫富分化的现象非常突出：有一个郊区的、富人的美国，也有一个城区的、穷人的美国；有一个沿海地区发达的美国，还有一个中西部地区闭塞的美国。

这些问题叠加在一起，形成了一个分裂的社会，种族之间、地域之间以及不同宗教之间，有各种矛盾。这些年，经济整体虽然不断增长，但并非全民受益，而是部分地区的部分人受益。这就导致很多地方有一群失落的美国人。尤其是一些白人群体，在新的社会竞争中失去了自己的位置，找不到往日的尊严，在挣扎中生活；而黑人也是犯罪率居高不下。

这种情况，会导致部分群体抑郁或疯狂，出现不正常的社会行为。在有些国家表现为用斧头砍人，而在拥有 3 亿支枪支的美国，容易发生枪击案件。

现在的美国，提起控枪，反对声音不断，不仅是由于美国长枪协会的游说，而且对私人武装的保护，也符合美国的心理基础，更是宪法最初的规定。不要说禁枪，即便是控枪，也容易引起各界的反弹。这样的代价就是,时常会发生惨烈的枪击案。

政治高层也是处于分裂状态。美国民主的核心是两党之间可以在关键问题上进行妥协,而现在分裂的美国,也面临着分裂的两党政治——两党之间掐得你死我活。只要是对方提出的,我就反对,这便背离了民主的本质,也是高层混乱的原因,而这种分裂,导致即便是正确的、应该做的事情,也无法推进。

所以大规模枪击案,短期内看不到消除的可能,这也让美国的安全隐患增加。美国对人才的吸引力也呈现下降趋势,去美国留学或移民美国,都担心枪支问题和安全问题。

不过,这也要辩证地看。一方面,美国确实枪支泛滥,民间散落的枪支超过3亿支,几乎人手一支。每年有3万多人死于枪下,其中300多人是儿童。而限枪则不符合美国的传统,也违反宪法。这确实充满悖论。

另一方面,美国的不同地区,治安状况差别很大,严重不平衡。有些城市,一条马路,左边黑帮枪击不断,右边中产阶级过着正常的生活。

因此,不能笼统地说美国不安全。不安全的地方包括:芝加哥南部,底特律大部分地区,纽约的部分区域等。去美国任何城市生活,都要先弄清哪里是安全的区域。

美国疾病防治中心的数据显示,2014年有33 594人死于枪击或与枪支相关的事故。平均每 10 万个居民有 10.5 人死于枪击,大约是万分之一的比例。

枪击死亡率最高的州是阿拉斯加和路易斯安那,其中阿拉斯加州对居民持枪的限制比较松,路易斯安那州则有法规限制。比率最低的是马萨诸塞州和夏威夷州,这两个州对枪支的限制比较严格。

另外,枪击死亡人数中,40％以上是黑帮火并,三分之一左右是各种原因的自杀,大街上或商场里枪手随机杀人的,一直是小概率事件。

第九讲　美国的媒体和软实力

　　大部分美国媒体被营利性公司所掌控,这些公司可以从广告、订阅及著作权内容等销售中获得收入。美国的传媒集团往往也是全球媒体产业的领导者,在世界各地获取了巨大的收益,也引发了强烈的反对。

　　随着《1996 年美国电信法》的通过,美国政府进一步对媒体集团放松管制而使得媒体融合出现,并由此导致了大型合并案例的发生,从而使媒体所有权进一步集中并导致跨国媒体集团的出现。目前,美国大约 90％的媒体被五家公司所控制。批评者宣称,地方主义、本地新闻、社区级内容、媒体开支、新闻报道的覆盖范围、观点及所有权的多元化都因为媒体的集中而受到损害。根据无国界记者组织对新闻自由记录的评估,美国 2020年的新闻自由指数排名 48,相较于 2009 年下滑了 28 位。

第一节　从报纸到电视

　　讲美国的媒体,可以从美国建国之初的华盛顿时代开始。

　　美国早期的领导人,包括亚历山大·汉密尔顿和托马斯·杰斐逊,都认为有必要让民众随时了解一些信息。美国独立战争之前,报纸只是被商店老板不定期发出来宣传其商品和服务的薄纸片;独立战争期间,媒体起到了宣传的作用,政治家们敏锐地意识到报纸对于政治的巨大作用。

　　击败英国获得独立后,美国出现了汉密尔顿和杰斐逊之间的党派对立。为了宣扬自己的观点,汉密尔顿雇佣立场坚定的联邦派成员约翰·芬诺在当时的首都费城办了《合众国公报》,而杰斐逊也雇佣忠实的共和党人、才华出众的作家菲利普·弗莱纽为共和党办了《国民公报》。这两份报纸在费城竞争了数年,后成为党派报纸的样板。

　　到1809年,联邦派有157种报纸,民主共和派有158种。

　　早期的美国媒体成了政治领袖的喉舌,实际上是政党的机关报,它们与政党及政治官员联系紧密,以失去新闻独立性为代价换取政府稳定的财政支持。

民主共和派的《曙光女神报》主编是大名鼎鼎的富兰克林·罗斯福的孙子贝奇。身为名人之后，此人敢骂任何人，连德高望重的华盛顿也不放过。1796年，华盛顿总统第二任期届满，发表告别演说后，贝奇骂道："如果曾经有一个人使一个国家堕落了，美国就是被华盛顿堕落了，美国就是遭受了华盛顿的不正当影响。如果一个国家曾经被一个人所欺骗，美国就是被华盛顿欺骗了。我们当以他的行为作为前车之鉴，其教训就是任何人都不能愚昧无知。"

1800年美国总统大选时，联邦派重金收买报纸，恶毒攻击杰斐逊。美国报刊史学者莫特说，在报刊对个人进行攻击方面，杰斐逊是最严重的受害者。

当时，《合众国公报》这样谩骂杰斐逊："如果异教徒杰斐逊当选总统，死亡的征兆将降临到我们神圣的宗教。教堂将遭毁灭，而一些无耻的娼妇，也将以女神的名义占据上帝的圣殿。"在杰斐逊担任总统期间，谩骂不仅没有停止，而且变本加厉。对此，杰斐逊说了一句千古流传的话："如若由我决定，我们是应该拥有一个没有报纸的政府，还是应该拥有没有政府的报纸，我将毫不迟疑地选择后者。"

杰斐逊时代，报纸的读者多来自政界、商界，对于普通百姓来说是奢侈品。后来,报纸从贵族走向平民,随着发行量扩大、广告增加,成了一个盈利的产业,从此开始拒绝政党的补贴和控制,寻求自身的独立性。

19世纪美国的报纸产业可谓盛况空前,1836年创刊的费城《公共日报》如此描述当时报业的繁荣:纽约和布鲁克林两城共有人口30万,而廉价报纸的销量则超过7万份……在大街小巷、旅馆、酒店、银行、商店等处都可以看到报纸,几乎每个看门人和马车夫的手里都有一份报纸。

1851年,亨利·雷蒙筹集10万资金,创办了一份伟大的报纸。他说,不能把政党机关报误认为公众报纸,它们不是新闻事业的合法成员,它们不对新闻事业负责,没有资格享有新闻事业的荣誉。公众报纸必须是超党派而独立的,不追求政治利益,只谋求公众福利。他在提倡某种行动、解释一些事件时,总是从全国而不是从任何派系或政党的利益出发。这份报纸的名字叫《纽约时报》。

1883年,约瑟夫·普利策杀入媒体界,他收购了负债累累的纽约《世界报》,短短3个月后,报纸发行量就由原来的15 000份上升为39 000份,打破了纽约报界的平衡。

普利策用事实诠释着自己的办报理想:不为政党,而为人民服务;不是共和党的喉舌而是真理的喉舌;不支持"行政当局",

而是对它进行批评；提倡原则和理想，不提倡偏见和党派……

1911年10月，这位与抑郁症斗争了22年的报界奇人走完了人生的旅程，那时，他才64岁。他留下的不只是价值2.8亿的财富，而是哥伦比亚大学新闻学院和普利策新闻奖，每年奖给成绩突出的新闻工作者。

今天，这个奖是美国新闻界的最高奖项。注意，没有之一，而是最高。

普利策死后，最大的竞争对手赫斯特也不禁写下这样的赞词："一位美国和国际新闻界的杰出人物已经去世，在国家的生活中和世界的活动中的一支强大的民主力量已经消失；一种代表民众权利和人类进步而一贯行使的强大权力已告结束。"

20世纪早期，新闻界的另一重要特点是赫斯特集团管理下的多家报纸连锁经营。第二次世界大战后，这一趋势逐步升级，报业连锁集团已拥有美国75％左右的日报。

报纸实力有限，自然无法覆盖一切，于是就有了通讯社。早期的通讯社中，环形联盟（Ring Combination）影响力不小，它包括1870年结成联盟的四大通讯社——哈瓦斯社、沃尔夫社、路透社、港口新闻社。不同于另外三大通讯社，港口新闻社是合作性质的组织，不以营利为目的，一切费用由联合的各家报刊平均分摊。

港口新闻社改名为美联社(AP),与合众国际社(UPI)并称为美国最重要的两大新闻社。四年一度的总统大选结果,便约定俗成地以美联社发布的消息为准。

近几十年,彭博社(Bloomberg News)异军突起,和路透社争雄,成为全球最大的两个财经新闻机构。彭博社的经营方式是把部分有价值的信息做成新闻放到自己的付费电视台以及网站上。除了拥有自己的电视台外,它还收购了曾经很有名却已然衰落的《商业周刊》,更名为《彭博商业周刊》。

当然,大家熟知的是美国新闻业有三大报、三大刊,即《纽约时报》《华盛顿邮报》《洛杉矶时报》和《时代》《新闻周刊》《美国新闻与世界报道》。后来,《华尔街日报》影响力上升,和上述三家报纸并称四大报。

此外,《今日美国》被视为世界传媒史上的奇迹,在世界各地发行,互联网时代之前,在世界各地住宾馆,大都会有附赠的《今日美国》。

杂志方面,《滚石杂志》《纽约客》在文化领域依旧有影响力,但这类杂志相对而言属于小众。

电视在 20 世纪 50 年代出现后,开始吞食报纸的发行量。读者因为可以在电视中看到当天的新闻,便开始漠视下午的报纸。1971 年,美国 66 个城市中每个城市至少有两份日报,一份上午出版,一份下午出版;到 1995 年,只有 36 个城市拥有两份以上的日报。

广播方面,大家熟悉的可能是美国之音(VOA)。需要强调的是,它归美国新闻署领导,经费来自政府拨款,所以不是商业电台,也不是社会公益电台,而是政府机构的分支,主要是对外广播,美国国内几乎无人问津。

美国人熟悉的广播公司是全国公共广播电台(NPR),作为美国最大的公共广播电台,它是一家享有国际声誉的非营利性公司。水门事件后,美国国会出资创办了 C-SPAN,但收视率惨淡。

美国的电视台包括全国广播公司(NBC)、美国广播公司(ABC)、哥伦比亚广播公司(CBS),以及美国有线电视新闻网(CNN)和福克斯电视台。

NBC 总部设在纽约,创办于 1926 年,是美国历史最久、实力最强的商业广播公司,它以孔雀为标记,公司在纽约、洛杉矶、芝加哥、华盛顿、克利夫兰、丹佛和迈阿密 7 座城市设有直属电视台,在全国有附属电视台 208 座。

CBS 成立于 1927 年,节目以新闻和娱乐为主。收视率长期占三大广播公司首位。公司总部设在纽约,公司在纽约、芝加哥、洛杉矶、费城、圣路易斯等城市拥有 7 家直属电视台,在全国有附属电视台 200 座。

ABC 创立于 1943 年,原为国家广播公司的蓝色广播网。目前的最大股东是迪士尼公司。作为美国三大商业广播电视公司之一,目前 ABC 总部有两个,娱乐节目部设在洛杉矶附近的伯班克市,因为这里靠近好莱坞。截至 2008 年,ABC 是美国观众最多的电视网。

CNN 由特纳广播公司董事长特德·特纳于 1980 年 6 月创办,通过卫星向有线电视网和卫星电视用户提供全天候的新闻节目,总部设在美国佐治亚州的亚特兰大。CNN 一度是全球领先的新闻机构,提供每周 7 天、每天 24 小时的全球直播新闻报道。CNN 在全世界设立了多个记者站,共办有 7 套单项电视节目和 1 套双向网络电视节目。影响较大的栏目主要有《今日世界》《CNN 世界报道》《新闻教室》《交火》《拉里·金现场》《可靠消息来源》《CNN 今晚体育》等。

CNN 对于中国人来说最为熟悉,它在新闻史上开创了现场播报的新闻模式,服务精英阶层,在海湾战争、"挑战者"号失事、里根遇刺等事件中暴得大名。海湾战争期间,萨达姆驱逐了所有外国记者,唯独留下 CNN,它独家播放的多国部队轰炸巴格达的新闻从此家喻户晓。

福克斯电视台是 20 世纪 90 年代初澳大利亚人默多克成功

收购二十世纪福克斯影业后成立的,与美国三大电视巨头比肩而立。它虽然成立较晚,却有不逊色于三巨头的王牌美剧。

无线台基本是以新闻报道为主,而有线台是以新闻评论为主。因此,无线台以吸引眼球为目的,有线台则以维护意见立场为目的。就立场而言,福克斯电视台是共和党保守主义,NBC是民主党自由主义,CNN 在美国同行眼中则是"哗众取宠"主义。

第二节　传统媒体的衰落和新媒体的兴起

进入新世纪,传统媒体一直在衰落。

由于报纸阅读率的持续下降,早在 2010 年左右,美国就已经开始减少纸质报纸的发行量,类似《今日美国》这样有影响力的报纸,也在引导用户在电子终端设备上阅读。报刊类广告也从 2003 年开始逐年下滑。

2013 年,美国的电视广告尚能保持稳定状态,达到 650 亿美元,但以谷歌为代表的新媒体公司在这一年的广告几乎达到同等数值。当时,美国三分之二的新闻从业人员仍然在报刊杂志等传统媒体就业。

任何一种媒介，用户超过 5 000 万才算大众传媒。跨越这个门槛，广播用了 38 年，电视用了 13 年，而互联网只用了 5 年。在美国，从 1999 年到 2013 年，互联网、电视的广告份额提升了 20％，纸媒下降了 20％。2005 年，美国报纸的收入开始触顶，之后一路下滑，而互联网普及率在 2001 年超过 50％，2012 年为 81％，2020 年达到了 86％。

为了保持强大的竞争力，美国的地方电视台开始进行合并，2013 年，美国共有 290 家地方电视台被迫出售。传统媒体被新兴媒体收购的步伐加快，比如说，亚马逊以 2.5 亿美元收购了《华盛顿邮报》，eBay 也跟进收购了其他报刊。

在巨大的财务压力下，美国 25％ 的地方电视台不再进行新闻内容的生产，而开始向更大的电视台购买内容。它们或者购买 NBC 的新闻，或者购买福克斯、CNN 的节目，甚至大型电视机构之间的生产与合作也已经存在。NBC 电视台的下属机构，会提供内容给福克斯下属的电视台。

压力之下，传媒机构也开始各种合纵连横，通过合并降低成本。2019 年，迪士尼和 21 世纪福克斯这两家影视"豪门"，经历一波三折之后终于牵手，双方股东投票批准迪士尼公司以 713 亿美元收购福克斯的电影和电视资产，这意味着传统的好莱坞

"六大"变为五家。在奈飞、亚马逊等新媒体剧烈的冲击下，传统好莱坞巨头就此开启了抱团取暖的模式。

无论报纸、电台、电视台、杂志还是网站，在媒体融合过程中都注重时效性和新闻性，强调内容为王，注重多渠道、多平台发布新闻，精耕细作，深度报道，全力打造全媒体中心。

为了不被新兴的"干扰者"们击败，老牌媒体需要完成更大程度的转型，在一定程度上成为互联网媒体。这种转型需要公司全体部门的配合，甚至需要改变工作流程和组织架构。

当然，和纯粹的互联网媒体相比，纸媒转型确实存在劣势，强如《纽约时报》者也不例外。反观新媒体机构，由于轻装上阵，可以快速实现弯道超车。名不见经传的《赫芬顿邮报》仅用 6 年时间就超越了《纽约时报》，由此可见新媒体发展的强大势头。

《赫芬顿邮报》是美国著名的新闻博客网站。2005 年 5 月 9 日，美国政界名流阿里安娜·赫芬顿及其好友肯尼斯·莱勒、安德鲁·布莱特巴特、乔纳·佩雷蒂共同创建了这个博客网站。

它打出了"第一份互联网报纸"的口号，定位为"互联网报纸、新闻博客视频社区"。经过 5 年的运营，2010 年，《赫芬顿邮报》首次扭亏为盈，同年 3 月，美国在线（AOL）以 3.15 亿美元收购了《赫芬顿邮报》，按照协议，赫芬顿担任"赫芬顿邮报传媒集团"总编辑。2011 年 5 月，《赫芬顿邮报》的月独立用户访问量首次超过《纽约时报》,美国在线员工布拉德·加林豪斯在推特上写道:"6 年战胜了 100 年",意思是《赫芬顿邮报》用 6 年时间超越了拥有 100 年历史的老字号《纽约时报》。致力于新媒体数据研究的 ComScore 在 2011 年的报告中称,《赫芬顿邮报》网站每个月的独立用户访问量都超过 3 800 万。

此后,《赫芬顿邮报》向全球化和地方化两个方向发展,网站上共有加拿大、法国、西班牙、英国 4 个国际版本,同时还有芝加哥、纽约、丹佛、洛杉矶、旧金山、底特律、迈阿密 7 个地方版本。

更让新闻界刮目相看的是,2012 年 4 月 16 日,美国新闻界最高奖普利策奖揭晓,凭借着对伊拉克与阿富汗战场归来的美国退伍军人以及他们的家庭生活的一组系列报道,《赫芬顿邮报》记者大卫·伍德赢得了 2012 年普利策奖的全国报道奖。这是《赫芬顿邮报》首次获得这一殊荣,使之成为全世界瞩目的焦点。

网络媒体拿到普利策新闻奖并非首次,2010 年和 2011 年美国新闻调查网站 ProPublica 曾两次捧得普利策的调查性报道奖。不过与 ProPublica 不同,《赫芬顿邮报》是一家以盈利为目的的网络媒体,即便在商业模式比较超前的美国,以贩卖内容为主的网络媒体能盈利的也不多,《赫芬顿邮报》是个特例,2011年的利润已达 3 000 万美元,当时估值 4.5 亿美元。

　　然而,美国的媒体竞争太激烈了,可谓各领风骚数百年。2016 年美国总统大选期间,《赫芬顿邮报》将有关总统候选人特朗普的相关新闻移至娱乐板块,导致在这场重大政治事件中缺少了话语立场,不仅没有一丝公民新闻的参与性,更少了作为一家新闻媒体的政治嗅觉与热点洞悉能力。自此,《赫芬顿邮报》逐渐沦为社交媒体的附属品。由于专业新闻记者团队的流失,《赫芬顿邮报》无法生产出如《战场之外》的优质原创报道,其网站也偏向信息的简单整合,这就使其成了一个普通的网络新闻平台,与强调用户个人体验的社会化媒体平台已经脱轨。

　　《赫芬顿邮报》于 2018 年 1 月关闭个人平台后,便很少有相关新闻流出了,当时曾与之合作的脸书、推特等社交平台逐渐走向成熟,在培养了大批用户的同时也完善了社交平台的搭建,《赫芬顿邮报》从此失去了自己的独特价值。

　　2021 年 2 月,《赫芬顿邮报》与 BuzzFeed 宣布合并。3 月 9 日,也就是合并不到一个月的时间,BuzzFeed 首席执行官乔纳·佩雷蒂向其雇员发出通知,47 名《赫芬顿邮报》的美国雇员将被解雇,加拿大分社将彻底关闭。

　　《赫芬顿邮报》成败的背后,是美国社交媒体的激烈竞争。

　　互联网时代,人们的阅读习惯发生了重大改变,美国新一代年轻人都是从社交网站、聚合新闻网站获取新闻,传统媒体的影响力已日落西山。华纳兄弟公司把包括《时代》杂志、《人物》杂志等在内的传统媒体业务剥离出来,防止其影响公司的盈利能力。有业内人士评价说,华纳剥离这些报刊业务就是让他们自己慢慢死去。结果,曾经引以为傲的传统媒体的影响力现在基本局限于中产知识白领,逐渐失去了过去那种引领美国文化的能力。

近年,美国新闻界新闻平衡报道原则越来越多地受到挑战,新闻界随政治趋向于左右分化,这反过来也影响了美国政局。

从一些数据也可以看出美国社交媒体的迅速发展。

2004,脸书(Facebook)成立,作为美国最大的社交网络平台,脸书覆盖了美国总人口的67%,其中三分之二的美国用户在该平台上获取新闻,相当于美国总人口的44%。

2005年,油管(YouTube)成立,后迅速被谷歌看中,2006年从谷歌那里得到的收购价是16.5亿美元。它在美国的覆盖范围为48%,仅次于脸书,但其中只有20%为新闻用户,其新闻用户占美国总人数的比例为10%。

2006年,推特(Twitter)成立,由于它的内容限制在140字以内,迅速成为方便的交流工具和强大的自媒体平台,云集世界各国的政治、经济、文化名人,美国前总统特朗普的推特粉丝,一度超过9 000万。通过推特获取新闻信息的用户与油管相仿,占美国总人数的 10％。

根据《2016 年美国社交媒体新闻使用情况报告》的调查数据,有超过六成的美国成年人通过社交媒体获取新闻,其中18％的人使用频率较高。有数据显示,自 2010 年以来,美国18～35 岁的年轻人通过电视观看新闻的人数下降了 50％。然而,这并不意味着新闻需求的减少,恰恰相反,从 2015 年到2016 年,所有媒体的新闻消费量上升了 18％。上升的新闻消费量主要来自社交媒体等新媒体领域。

除了谷歌和雅虎等搜索引擎及门户网站外,油管、维基百科、脸书、推特、亚马逊、互联网电影数据库、红迪、缤趣、易贝、猫途鹰、网医、按图索途、梅里亚姆—韦伯斯特等专业网站也是美国人热衷访问的网站。

随着以手机为代表的"第二屏"成为人们获取新闻信息的主要渠道,报纸和电视等传统媒体纷纷到新媒体移动端寻找突破与再生的机会。可以说,在美国,无论是传统媒体还是新媒体,都非常重视在社交媒体平台上的内容分发,根据各个新媒体平台的不同特点,量体裁衣进行内容打造与分享。

早在 2010 年,以《今日美国》和《连线》为代表的纸媒,就开始践行内容生产、信息抓取、传播形式、编读互动等方面的变革,如让受众参与内容生产、应用新媒体技术进行报道、拓宽媒体互动方式、培养互联网时代"死忠粉"等。

随着网络时代的到来,信息的传播方式、传播速度发生了巨大变化,世界任何角落的人都可以实现较低成本的即时沟通。更为关键的是,每个人都成了信息的发布者和传播者,传统媒体的"把关人"作用被稀释,舆论的不可控性史无前例地增强,新媒体登上了历史舞台。如未来学家托夫勒所言:"世界已经离开了暴力和金钱控制的时代,而未来世界的魔方将控制在拥有信息强权的人手里,他们会使用手中掌握的网络控制权达到暴力与金钱都无法征服的目的。"

每次媒体变革都会带来政治宣传方式的革新,敏感的移动互联媒体将触角伸向美国民众生产生活的各个领域,关注信息受众的情感心理和交互体验,将专题信息向特定目标人群精准投送,结果却使价值观在碎片化传播中越发混乱,越发极端,美国民众对媒体的信任度更是一路走低。

媒体如何重建信任? 未来的媒体将如何转变? 套句老话,一切皆有可能。

第三节　媒体对美国政治和外交的影响

在人类历史上,报纸、广播、电视等传统媒体对国际关系的发展和变动有着不可估量的影响。媒体通过制造、引导舆论,从而在国内政治、国家外交决策制定等层面发挥了重要作用。

美国有着发达的媒体,美国媒体对政治、外交有着不可忽视的影响。媒体可以通过影响公众舆论,进而影响外交;而官员也可以通过给媒体放风,制造舆论,影响公众的选择。霍夫曼的理论颇为值得关注。他提出了"局内人—局外人"(Insider-Outsider)模式。传媒作为信息平台提供者,对于决策过程中的其他角色都是一种有利可图的利用工具,传媒总是通过影响政府的运作程序和挑起国内政治斗争来影响决策;而作为局外人和旁观者,它则创造了一个政策环境,该环境影响了国内的政治决策。

在美国政府的外交决策运行机制中,媒体更多地发挥了间接作用,通过影响大众舆论,促使政府决策发生变化。

媒体对国际新闻的选择直接影响着公众对国际问题的关注度。通过有选择的新闻编排与报道,媒体对公众进行潜移默化的影响,最终在其意识中形成某种定式,间接影响外交决策。有西方学者认为,媒体"在告诉人们对事情的看法上大多并不成功,但在告诉人们思考什么上却惊人的成功"。

媒体影响政治最明显的地方莫过于美国大选。

1884年总统竞选之初,《世界报》就发表了普利策亲笔撰写的社论,说1884年民主党人需要"一个克利夫兰式的人物"。《世界报》还列出了四个支持克利夫兰的理由:(一)他是个老实人;(二)他是个老实人;(三)他是个老实人;(四)他是个老实人。

但普利策在克利夫兰当选总统之后一直保持着对政府的监督。普利策说:"《世界报》将愉快、热情地支持克利夫兰政府一切好的东西,反对一切显而易见的错误的东西。克利夫兰先生把总统之职看成是大众的信任;我们也把《世界报》的编辑工作看成是大众的信任。"该报在后来的发展中坚持自己的原则,对总统的失误也给予了应有的批评。

这就是媒体和政治的关系。作为第三种权力,他们监督政府;但作为一家公司,也会考虑自身的利益,选择自己支持的党派。

1960年的美国大选,是媒体介入政治的一个里程碑式的事件,是电视影响大选的开端。当年9月26日,美国副总统尼克松和参议员约翰·肯尼迪在总统候选人全国电视辩论中交锋。结果是"阳光男孩"肯尼迪压倒了灰头土脸的尼克松。

芝加哥电视台举办的这次辩论,被所有的主要电视台和无线电台列入节目表。向这两位候选人提出问题的有哥伦比亚广播公司的斯图阿特·诺汶斯、霍德华·史密斯,互助广播公司的查尔斯·华伦,美国广播公司的罗伯特·弗莱明。

现场,两人激烈交锋。尼克松谴责他的这位民主党对手挥金如土,使纳税者叫苦不迭,说他的纲领将耗资数十亿美元。

肯尼迪反唇相讥,指责这位副总统所提到的一小时至少增加工资一美元、扩大学校基建、为老年人提供医疗福利等,只不过是开"空头支票"。

此时,88％的美国家庭有了电视机,每天平均看 4 到 5 小时的电视节目。不过,作为在任副总统,能言善辩的尼克松辩论前患上感冒,另外,他低估了电视的效力,辩论时没有化妆。精神不振,不断擦汗,淡色的西装显得他更加阴郁。而肯尼迪却精心打扮,身着深色西装,在黑白电视上神采飞扬。民意调查显示,通过收音机听辩论的选民认为尼克松赢,通过电视看辩论的选民认为肯尼迪赢。

从此,美国总统大选进入电视时代。从 1976 年到 1992 年的五次大选中,每次电视辩论都有超过 6 000 万人在收看。此后,大选辩论的收视更是从美国走向世界。不过,当时间来到2022年,共和党则提出取消电视辩论,理由是媒体不公平,电视辩论对共和党不利。

美国的媒体有政治倾向,美国民众会选择符合自己兴趣的媒体。共和党人看倾向共和党的福克斯电视台,而不看支持民主党的电视节目。华盛顿大学的学生和我聊天时说,许多年轻人的新闻来源早已不是传统的新闻节目。于是,一个悖论出现了:媒体不断娱乐化;而对于过分娱乐化的媒体,人们又不信任。

也许是因为媒体的倾向性,美国人在保持对政党不信任的同时,对媒体的信任度也在明显降低。据 2004 年美国新闻媒体状况报告显示,从 1985 年到 2002 年,美国认为新闻机构很专业的人从 72％降到了 49％,认为媒体讲究伦理的人从 54％降到了 39％,认为媒体有政治偏见的人从 45％升到了 59％。与之相对应的是新闻媒体的垄断性加强:22 家公司控制了美国报纸70％的发行量,10 家电视公司控制了 30％的电视台,触角延伸到 80％的家庭中,有线电视的拥有者也都是大公司。

2021 年 6 月,路透社媒体研究所发布的《2021 全球数字新闻洞察报告》指出,经历了新冠疫情危机、"黑命贵"运动以及国会骚乱等一系列撕裂美国社会的事件之后,大部分美国民众已经不再信任美国媒体的新闻报道,受调查的人群中仅有 29％的民众信任媒体。

媒体可以影响美国内政，也可以影响外交。尤其是新媒体对美国外交的影响值得重视。

新媒体正在改变一切。从克林顿时期开始"信息革命"以来，美国各界都采取行动，来适应新技术带来的变革。在享受新媒体带来的珍馐盛宴的机构中，外交领域的反应略显迟缓，并没有在第一时间利用新媒体。

在互联网迅速发展的第一个 10 年，美国学术界和决策层已经意识到互联网有助于促进美国经济、社会、政治、军事等各领域的发展，但外交领域对互联网的认识仍然是初步的，没有形成系统的理论，也没有大范围进入实际操作层面。

起初，美国政要只是发表一些讲话，表明利用新媒体促进全球信息自由流通和民众参与的决心。

1994 年 3 月，美国副总统艾尔·戈尔在国际电信联盟大会上提出，全球信息基础设施的发展应促进民主和民众参与决策，有利于自由获取信息及自由表达意见。4 年后，他进一步提出互联网发展应确保思想自由流动及支持民主和言论自由。

戈尔的发言只是表明了美国的态度，并没有形成美国外交的具体政策。与之相反，美国不仅没有投入新媒体外交，反而削减了预算。

1998 年,美国战略与国际研究中心一份名为"信息时代的外交"的研究报告指出:"因为没有掌握外交活动中必备的现代技术,美国外交正处于严重危险之中,令人吃惊的是,国务院没有合适的工具用于收集、处理以及分发信息,也没有与日益民主化的外部世界进行有效沟通的手段。"

进入 21 世纪,以互联网为代表的新媒体已经成为时代的潮流和方向,美国政府也开始从战略和政策层面主动将互联网融入各种政治进程,包括外交领域。

美国国务院不仅从技术层面广泛运用新媒体技术,而且在组织机构上增加人力投入,发展新媒体外交。

2002 年,美国国务院制定了一项战略信息技术计划,要求建立一个安全可靠的全球通信网络和信息技术基础设施,发展基于互联网平台的外交活动,以应对新世纪电子外交的挑战。

2002 年 12 月,美国国会通过了《2002 年电子政府法案》,推动加强"电子政府"建设。这一年,美国国务院还专门成立了电子外交小组。第二年 10 月,该小组更名为电子外交办公室,成为从属于国务院信息资源管理局的一个永久部门。

2004 年 4 月,信息资源管理局制订了《2006—2010 年信息技术战略计划》,明确提出了利用互联网技术推动开展公共外交的使命。

2006年，负责公共外交与公共事务的副国务卿卡伦·休斯意识到，需要积极参与那些能够影响公共舆论的网络社区，她建立了一个"快速反应小组"，监控可能出现误导信息的网站，并在可能的情况下引导话题及提供正确信息。休斯认为这是她为美国21世纪的电子外交奠定基础的工作。

可以说，此时美国人意识到需要利用新媒体，了解世界各国对美国的态度，并利用新媒体影响各国公众。

于是，美国国务院于2006年成立了"数字外联小组"，招募精通阿拉伯语、波斯语、乌尔都语的人才，让他们参与伊斯兰世界网站及聊天室的讨论，以便有目的、有计划、有导向地发出美国的声音。

此举表明，美国在利用新媒体影响各国舆论方面，有着周密的安排。对其他国家而言，如果消极地看，这是"敌对势力"在试图操控本国舆论；如果积极地看，这是透过新媒体这个管道了解其他国家的手段。

新媒体的运用，往往和公共外交紧密结合在一起，被称为"网络外交"。这方面，美国人走在了前列。

2007年，美国国务院国际信息资源局开通了"美国在线"（America. gov）网站，这是美国官方的一个主要公共外交网站。2007年9月，美国国务院的公共外交博客"外交笔记"正式上线。

2009 年 5 月 1 日,白宫宣布,除了已有的官方网站外,还在各大社交媒体,如脸书、推特开设账户或建立主页,并宣称已跨入了"白宫 2.0"时代。

与此同时,美国驻外使领馆、驻外使团和外交人员个人也积极开设社会化媒体账户,美国驻华使馆在新浪、腾讯开设的微博,相当活跃。

此时,美国利用新媒体开展外交工作,已经从尝试逐步走向战略高度、理念高度。美国领导人的讲话,也在不断强化"网络外交"。

奥巴马能当选总统,新媒体发挥了巨大作用,奥巴马通过总统竞选,充分意识到美国已经进入到一个"网络 2.0"的时代,因此,刚就任总统不久,他就签署了一个备忘录,提出美国应该建立一个"透明开放的政府"。

在总统的带动下,美国的政治精英意识到,以脸书和推特为代表的网络社区,逐渐成为宣扬美国精神、推广美国民主政治的重要舞台。在奥巴马政府的执政理念中,"网络 2.0"技术已经成为美国的核心理念——自由、民主、平等的重要载体。

总统如此,国务卿也不甘落后。

2009 年以来,时任美国国务卿希拉里·克林顿多次演讲表示要"利用技术工具的力量推进外交",并称此为美国"21 世纪的治国方略"。希拉里继承前任赖斯"转型外交"思想,认为外交已不仅是"政府与政府之间的事",更应扩大到"政府与个人""个人与个人"之间,"运用所有工具,建立一种新的自下而上的伙伴关系,这便是'巧实力'的精髓所在","利用新媒体发挥美国外交'巧实力'并扩大交流,对实现美国外交政策目标至关重要"。

在希拉里的主导下,美国国务院网站升级改版,新版网站将原有专栏"向国务卿提问"更名为"给国务卿发消息",并建立起与"脸书""油管""推特"的链接,供网友了解希拉里的外交行程。

2010 年 1 月 21 日,希拉里发表关于互联网自由的讲话,表示要将"不受限制的互联网访问作为外交政策的首要任务",这标志着新媒体已经成为美国外交不可或缺的一个发力点。

2011 年 2 月 15 日,希拉里在乔治·华盛顿大学发表题为"互联网的是与非:网络世界的选择与挑战"的演讲,再次强调互联网自由,她说:"我把网络上的表达自由、集会自由和结社自由共同称为相互联络的自由。美国支持世界各地人民享有这一自由,我们呼吁其他国家也这样做。"

在总统和国务卿的关注下,美国外交系统不遗余力地利用各种新媒体形式开展外交工作。

2012 年,法新社根据各国主要官员和外交官在社交网络中的活跃程度、粉丝数量、内容被引用情况等指数,首次发布了世界"数字外交效力"等级报告,美国在151个国家中排名第一。

奥巴马的推特更是独领风骚,在世界各国领导人中排名第一。大部分为其运营团队所发,但结尾标明"BO"的,是奥巴马本人发表的。搜索奥巴马的推特,也可以搜到他夫人的账号。特朗普就任总统后,粉丝多达9 000万,也越发重视推特,形成了独具特色的"推特治国",甚至很多重大外交决策都是他在推特上宣布的。

在战略层面,美国更是重视网络。2011年5月16日,美国白宫网络安全协调员施密特发布首份《网络空间国际战略》,阐述美国"在日益以网络相连的世界如何建立繁荣、增进安全和保护开放"。

施密特将这份战略文件称为美国在21世纪的"历史性政策文件"。该战略文件称,美国希望打造"开放、可共同使用、安全、可信赖"的国际网络空间,并将综合利用外交、防务和发展手段来实现此目标。在防务方面,该战略文件称,对扰乱网络者,美国将进行阻遏及回应,"保留使用所有必需的外交、信息、军事和经济手段的权利","来捍卫我们的国家、盟友、伙伴和利益"。

第十讲　中美关系的发展历程

　　中美关系是 21 世纪世界上最重要的双边关系。2011 年的《中美联合声明》确认中美双方将共同努力,建设互相尊重、互利共赢的中美合作伙伴关系。2017 年随着特朗普的上台,中美打起了贸易战,这说明中美关系存在结构性矛盾,十分复杂。

　　在中美关系好的时候,海外媒体描述中美之间是一对同床异梦的夫妻;在中美关系不好的时候,各界又担心"修昔底德陷阱",担心中美走向战争。中美关系是复杂的,两国由于历史、文化、意识形态等原因,是既竞争又合作、既有共同利益又有深刻分歧的关系。

　　中国的目标是发展成为一个富裕、强大、统一的中国,以造福于本国及世界人民,同时维护世界和平;美国的目标是将其所谓的自由民主的理念散播到全世界,同时保持国家安全。

纵观中美开启交往后的历史,有亲密合作,也有兵戎相见。如今,中美关系不仅影响两国人民,更影响世界政治、经济的走势。

第一节 "中国皇后号"来华开启中美关系

1784 年,美国独立后不到半年,就派"中国皇后号"船到中国进行贸易。1843 年,顾盛担任首任美国驻华专员,驻地在澳门。第一次鸦片战争后,中国被迫开放,于 1844 年与美国签署了第一个条约《望厦条约》。1858 年清政府在第二次鸦片战争失败后与美国签订《中美天津条约》,此后又签订了《辛丑条约》等。

1862 年,美国在北京东交民巷建立驻华公使馆。1875 年,即光绪元年,清廷开始向美国派遣公使。1878 年,大清国在美国华盛顿设立永久性驻美公使馆,首任公使陈兰彬。1882 年 5月 6 日,美国总统切斯特·艾伦·阿瑟签署的《排华法案》,成为《美国法典》的一部分。1908 年,美国根据《辛丑条约》退还了部分清政府的庚子赔款,该款项被用于留美预备学校(清华大学)

的建立。

1913 年,现代中美关系建立,美国正式承认"中华民国"的北洋政府。1922 年华盛顿会议上,在美国的调停下,中国出巨资从日本手中"赎回"山东主权。

19 世纪,美国对中国影响最大的莫过于提出"门户开放"政策。1899 年,美国政府先后向英、俄等六国政府提出在中国实行所谓"门户开放"、贸易机会均等的照会。门户开放,即美国在承认列强在华"势力范围"和已经获得的特权前提下,要求"利益均沾"。该政策的主要内容有:对任何条约、口岸或任何既得利益不加干涉;各国货物一律按中国政府现行税率 5％征收关税;维护中国的领土和主权完整,对各国开放各自的"势力范围";对他国的船只、货物运费等不得征收高于本国的费用。

美国提出这一政策固然是基于美国的在华利益,但这一政策也在一定程度上有利于面临瓜分之祸的中国。基于这一政策,美国政府致力于维护一个统一、开放的中国市场,以及维护中国的主权和领土完整。这些政策与长期以来致力于侵略和剥夺中国的沙俄和日本形成了鲜明对比,乃至与力图独占中国的日本产生了尖锐冲突。

后来,当日本在 1915 年向中国提出"二十一条"时,美国声明,如果对中国领土完整和"门户开放"有害,美国"一律不承认"。1932年"一·二八"日本进攻上海时,美国明确向中日两国政府表示,"凡中日两国政府或其他代表所订立的任何条约和协定……或损及中国主权及领土和行政完整,美国政府都无意承认"。

太平洋战争爆发前夕的日美谈判中,美国始终坚持日本必须从中国撤军。1941年11月美国的《赫尔备忘录》指出:日本必须从中国和印支撤退其一切海陆空军和警察,日本不能承认"满洲国"和汪精卫傀儡政权。而这几个条件是日本绝不可能接受的,也因此直接成为珍珠港事件的导火索。

从抗日战争中各国给予中国的援助看,美国给予中国的物资和人员援助要远远高于其他国家,在中国极其困难的时候无异于雪中送炭。

美国从1941年5月至战争结束,援华的租借物资及劳务总计约8.46亿美元,其中枪炮、弹药、飞机、坦克、车辆、船舰及各种军用装备价值为5.17亿美元,中国向美国购买或租赁的飞机达1 394架,另外还获得经济贷款6.98亿美元。人员援助方面,陈纳德的飞虎队开辟了驼峰航线,帮助中国打击日机和掌握制空权。至抗日战争结束,飞虎队及其后身第十四航空队共击落日机2 600架,击沉或重创军舰44艘、100吨以下的内河船只1.3万艘,击毙日军官兵6.67万名。美国在中国领空牺牲的飞行员多达 1 579 名。

除了军事上的积极援助,在政治上美国还尽力帮助中国提升国际地位,竭力让中国成为"四强"之一。罗斯福总统设计的战后世界秩序是大国体制下的集体安全、美国占优势的势力范围、非殖民化的全球开放。美国将处于领导地位,中国在每个环节都很重要。集体安全环节上,中国应与美、英、苏共同承担维护国际和平的职责,成为战后世界"四个警察"之一。从美苏对抗角度看,美国可以利用中国抵抗苏联的扩张主义;同时在非殖民化的过程中,中美的合作有助于打开传统欧洲列强的势力范围。这一切归结于一个政策——"使中国成为大国"。

1942 年至 1943 年,美国为提高中国的国际地位作了一系列安排。首先是安排中国与美、英、苏共同领衔签署《联合国家宣言》,使中国跻身四强;其次是与英国一起废除在华不平等的治外法权条约,于 1943 年 1 月 11 日签订《中美新约》和《中英新约》;再次是说服苏联接受中国于 10 月 29 日与美、英、苏三国外长一起签署《莫斯科宣言》,奠定了中国成为联合国创始会员国和安理会常任理事国的基础;最后是在开罗会议上,美、英、中三国领导人一起讨论了广泛的战后远东问题,彰显了中方的重要地位,形成了中国与美国的特殊关系。

然而,随着战争形势的变化以及二战后期美苏矛盾上升为国际关系的主要矛盾,美苏两大国先是通过《雅尔塔协定》瓜分了各自在中国的势力范围,后又置协定而不顾,强力介入中国内战,结果是美国一败涂地。

1949 年 6 月 30 日,在战争大局已定的情况下,中国发表《论人民民主专政》,宣布新中国将站在以苏联为首的阵营之中,同社会主义国家联合在一起。至此,美国在中国大陆的权益连同蒋介石政权一起遭到驱逐,美国在雅尔塔会议中获取的在中国的势力范围也彻底灰飞烟灭。

1950 年 6 月 25 日,朝鲜战争爆发,杜鲁门当即下令第七舰队进入台湾海峡,武力阻挠解放台湾。随后,中美两国在朝鲜战场兵戎相见,打响了冷战以来的第一场热战。中美关系由罗斯福设想的大国合作变成了彻底敌对。而中美关系的改善,则要等到 1972 年的尼克松访华和 1979 年的邓小平访美了。

邓小平访美,开启了新时代的中美关系。中国通过改革开放成了世界工厂,美国则成了最大客户,中美经贸关系、投资关系形成了你中有我、我中有你的局面。2001 年,恐怖分子发动 9 · 11,中国及时提供援助,中美关系日趋紧密,有竞争也有合作。从里根以来,布什父子、克林顿、奥巴马都维持了和中国的接触政策,但特朗普担任总统后,对中国发动了贸易战,中美关系急转直下。2020 年疫情之后,更是让中美关系出现了对抗。

第二节 拜登政府的外交策略与中美博弈

拜登就任总统后，一改特朗普时期的风格，开始动用联盟的力量给中国施压，他分四步走，构建了对华战略包围圈。

第一步，排除阻力从中东泥潭中抽身。

"9·11"以来，美国在中东打了两场战争，身陷泥潭，中国获得了难得的发展机遇。但鉴于美国军工集团的利益分配机制和对中东局势的传统政策，美国无法抽身。为了集中力量围堵中国，拜登坚决撤退，甚至象征性地要在"9·11"事件20周年之际完成从阿富汗的撤军。另外，拜登谋求和伊朗达成核协议，为此不惜开罪传统盟友以色列。对叙利亚，美国也是采取放任的态度。

美国这么做，一是因为其实力不足以在中东和印太两个战场同时投放力量，二是随着本国页岩油、页岩气的大幅投产，降低了对中东石油的依赖。

第二步，拉拢日本和韩国。

拜登2021年就任美国总统后，两个先后访问美国的领导人，一个是日本首相菅义伟，一个是韩国总统文在寅。拜登一改前任索要巨额军费分摊费用的做法，迅速达成协议，目的就是拉拢日本和韩国。菅义伟和文在寅先后访问美国，在联合声明中都不同程度提到了台海局势，说明美国试图在东亚国家中孤立中国。日本出于自身利益，韩国迫于形势，都采取了某种程度配合美国的做法。

第三步，修复和欧洲传统盟友的关系。

美国全球战略的基础和重中之重是跨大西洋关系，是和欧洲国家的联盟。布什的战争和特朗普的"美国优先"导致美欧关系不睦，但大部分欧洲国家反的是布什和特朗普，而不是美国。因此，拜登上台后，修复和欧洲盟友的关系，并在 G7 这样的重要会议上联合盟友反华，并没有费太大的力气，至少在大方向上取得了基本一致。

第四步，缓和美俄关系。

对于中美关系乃至世界局势而言，俄罗斯的重要性无须多言。拜登尽管把普京称为"杀手"，但为了美国的战略利益，还是和普京在日内瓦会面，约定开展战略对话。美俄关系有破冰迹象，但距离真正缓和还有很长一段路，因为两国的结构性矛盾、彼此之间的敌对和不信任，短时间内难以化解。另外，因为俄罗斯对"势力范围"的追求美国不予承认，两国在地缘政治上矛盾重重。

以上四步,加上美印日澳参与的"四国安全机制",形成了对华包围圈,从表面上看,构成了对中国的强势包围。

对外联合盟友,对内则通过针对中国的立法。美国参议院2021年4月通过了283页的《2021年战略竞争法案》,路透社认为,这说明美国两党在国会推动对抗中国的努力迅速升温。

美国国会的调门和政府偶有不同,有时候更强硬,根据这一法案,美国要动用战略、经济和外交等一切工具抗衡中国。

人类发展史上,竞争无处不在,战略竞争如果再进一步,便是敌人。中美之间的竞争和博弈太复杂,有不同的维度,以至于任何讨论、评价和结论,可能都显得不尽如人意,也不够全面。不过,如果从不同维度观察,也许会得出不同的结论。

第一,经济、贸易、朋友圈,这些是看得见的维度。

中美经济本来高度互补,竞争与合作并存,但经过特朗普时期的关税战、贸易战之后,伤痕累累,一切都变了。

拜登就任美国总统后,换了打法,从以前的点对点出击,变成了战略大包围,甚至扬言也要推出自己的"一带一路"计划,准备和日本一道,为印太地区的企业和机构制定一套清晰的前期指导意见,包括投资前提条件、项目实施制度和人才培养建议等,并制定采购标准和维护条款,最大限度地减少技术泄漏风险。美日希望通过上述举措赢得地区国家的信任,并在与北京的影响力竞争中获得优势。

这是美日版"一带一路",是从经济角度争夺朋友圈的策略。老话说,多个朋友多条路,多个冤家多堵墙。中美之间就建立朋友圈展开的争夺,将是今后相当长一段时间的重点所在。

第二,道路、机制和价值观,这些是看不见的维度。

国与国之间没有永远的朋友,也没有永远的敌人,只有永远的利益。这是中国流传甚广的关于国际关系的认知,甚至北京的出租车司机都可以随口说出这句话。

然而,世界是复杂的,国际关系也是复杂的,利益有相当大的作用,但也不是全部。因此,中美朋友圈的争夺,利益之外,便是道路、机制和价值观的争斗,这些看不见的因素有时会起到重要作用。中美这方面的区别在于,美国认为它是上帝的选民,自己的价值观应该在全世界普及;而中国认为各国都有权选择自己的道路,坚持不干涉其他国家内政的原则。

中美的朋友圈体系大有不同。美国的朋友圈由西欧老牌强国和亚洲"小北约"组成,注重盟友体系和价值观的一致性;中国的朋友遍布亚非拉,更多是讲究情谊,如马来西亚外长希山慕丁称呼中国外交部长王毅为"大哥",便是例证。从数量而言,中国的朋友多;从实力而言,美国的朋友实力强。

谁的理念能得到更多的认可和支持,这要看时间,需要用事实说话。英美国家继承了古罗马的特点,善演讲,喜欢从光明与黑暗、正义与邪恶、民主与独裁这些角度让自己占据道义上的制高点。这背后,是英美的国际传播能力,中国如何应对,是个难题。

第三,世界格局和世界秩序,这是基于规则的维度。

关于世界格局的争论,在各国学界、媒体界都是热点。基辛格博士曾公开发言说,现在的形势有点像一战前,美国必须尽快与中国达成谅解。西方学界也在持续讨论未来的世界格局将会怎样:是基于目前的规则进行修正,还是美国带领盟友制造一个排除中俄等国的新体系?

西方现实主义者认为,所谓世界格局,就是实力的结果。世界秩序的形成和领导权的转换都是通过战争实现的,如当年的雅典和斯巴达所陷入的修昔底德陷阱,像米尔斯海默便持这样的观点。在中国,也有少部分人认为"中美必有一战"。

果真会这样吗?其实未必。历史的吊诡之处在于,有的事可能重复了999次,但第1000次未必会出现同样的结果;而历史的可悲之处在于,每个人都熟知一些历史事件及其教训,可还是悲剧性地选择同样的道路,迎来同样的结局。

从经贸的竞合到朋友圈的争夺,从道路的选择到秩序的修正,中美的竞争是多维的、多变的,也是长期的、复杂的。这中间要面对诸多想象不到的意外事件,也会彼此试探对方的底线和容忍度。同样,关乎全球发展的时候,还需要彼此合作,为人类的共同利益相互做出一定程度的妥协。

第三节　中国人在美形象变迁

　　美国公众对中国人的认识最初是通过美国商人和传教士之口。

　　19 世纪末,在美国人的心目中,中国是落后、愚昧、腐朽的象征。华工是美国社会最卑微的一个群体,干的活最累,拿的钱最少,还背负着愚昧落后的名声。在好莱坞影片中,中国人就是这些丑恶思想倾向的产物。而这些带有成见的电影又进一步加深了成见。

　　早在 1894 年,美国就曾拍摄过一部近半小时的无声片《华人洗衣铺》,以闹剧的形式展示了一名中国男子如何想方设法摆脱一个爱尔兰警察的追捕。这一时期的中国人形象具有极度的漫画倾向,拖地的长辫和伸长的指甲是被着力夸大的特征,他们十有八九是恶棍和罪犯。

从 1929 年开始,好莱坞连续拍摄了一组以"傅满洲博士"为主角的电影,在美国公众中影响极大,"傅满洲"也由此成了一个众人皆知的银幕形象。他集中了当时美国白人对东方华人世界所有最恶劣的想象,这也是好莱坞在塑造这一形象时的用意所在。当时的宣传材料曾这样描写"傅满洲":"他每一次弯动手指、每一次耸动眉毛都预示着危险。"

好莱坞电影对中国与华人形象一贯的丑化和诬蔑,受到美国华人社会从未间断的抗议和抵制,好莱坞一度有所收敛,并试图做一些弥补工作,其结果就是另一个大名鼎鼎的中国原型人物的产生。

从 20 世纪 20 年代中到 30 年代,在好莱坞银幕上一个出现频率很高的中国人形象就是侦探陈查理(Charlie Chan)。据说,其生活原型是一名活跃的华人侦探,经作家加工,从 20 世纪 20 年代起流行美国。好莱坞据此拍摄了近 50 部系列电影,塑造了又一个完整、统一的中国人原型,他是正义和法律的象征。

尽管如此,这一形象却一直未被美国华人世界认可。这个由白人演员扮演的中国侦探,在现代化的美国大都市,满嘴陈腐不堪的东方格言,行为乖张乖戾,成了美国观众眼中的丑角。

20 世纪 30 年代后期,尤其是在中日进入战争状态后,美国曾一度视中国为自己的同盟。相应地,美国媒介对中国及中国人的刻画也有所改善,昔日华人的恶魔形象暂时甩给了日本人。

1937 年,根据赛珍珠的同名小说改编的电影《大地》就是其中之一。赛珍珠是美国最早以中国为背景进行小说创作的作家。她根据自己在中国的经历,写就数部描写中国底层农民的小说,并因此荣获诺贝尔奖。赛珍珠的小说在 20 世纪 30 年代的美国广为流传,是当时美国人了解中国的重要来源,其中尤以《大地》最受欢迎。该小说在美国共发行 200 万册,而根据小说改编的电影也极为成功。据统计,大约有 2 300 万美国人看过这部电影。

《大地》走红的二战时期可以说是中美之间的蜜月期。宋美龄在美国引发轰动,典雅的东方美人形象征服了美利坚,而以林语堂为代表的文人又塑造了中国人的"士大夫"形象。可惜世事难料,朝鲜战争加上当时的两种意识形态、两大集团对峙等特殊情况,中美陷入了几乎老死不相往来的境地。

改革开放后,《红高粱》在美国一度热映,让许多人误以为中国还处在裹小脚的年代;而李小龙塑造的银幕形象又使得功夫成了英语的外来词。当然,周润发主演的《卧虎藏龙》也牛气了一把。但这个时候,美国人都知道导演是在玩特技、卖古典,也知道中国已不是那么古老,功夫也不是那么厉害。

说起电影,不得不提到美国文化传播的力量。

美国影视产品占据了世界影视产品市场 60% 以上的交易额。

美国每年有大量的文化产品输出到世界各地,在为美国赚取大量美金的同时,也把美国的文化、价值观等渗透到世界的各个角落,甚至一些美国政界人士公开说,现在"美国最大的出口不再是土地里的农作物,也不再是工厂里的产品,而是批量生产的美国文化"。

那么,为什么美国影视产业如此强大?

最重要的就是人才体系。位于加州的美国著名大学,尤其是在洛杉矶的大学,都有与影视产业相关的专业课程,为电影工业输送源源不断的人才。此外,美国还有演员工会、导演工会、制片人工会等。

美国影视产业人才多达数十万。这种体量的人员结构,必然产生竞争与良性循环的发展趋势。美国有完整的硬件产业,摄影机、音响、音效、视觉特效、布景道具制作、放映等,有一条完整的产业链。

美国的影视跨国公司发展成熟,如好莱坞旗下的华纳兄弟、派拉蒙、新线等各大电影公司和迪士尼、时代华纳等年产值数十亿、上百亿美元的巨型跨国公司,产业化经营水平高,在全世界各个国家和地区制作、销售影视产品,让影视业成为全球性产业。

也就是说,有一群顶级电影公司把整个产业串了起来。比如派拉蒙的碟中谍系列、变形金刚系列,二十世纪福克斯的虎胆龙威系列、X战警系列,迪士尼的加勒比海盗系列等等。

美国还是世界金融产业最发达的国家,而事实上拍电影越来越费钱,且越来越不确定能不能赚钱,投资上亿美元亏损的大有人在,比如《逃出克隆岛》这部有"寡姐"斯嘉丽加盟的一线大片,投资1.22亿美元,亏到让发行公司梦工厂直接倒闭,后被派拉蒙收购。

因此,一个成熟的融资体系,对于拍电影来说极其重要,不然拿着好剧本都开不了机。

美国有的州政府、市政府也玩招商引资、税收补贴,吸引电影公司过去。很多电影后面的字幕经常鸣谢一些州市政府,比如常见的"感谢纽约市政府电影办公室"等,说明电影取景方面当地给予了大力支持。

另外,美军对于美国宣传部的主旋律电影都是上真武器全力支持的,比如变形金刚就是直接动用美军装备在美军的基地靶场拍摄的。美国影视文化拥有成熟的产品生产模式,不断从当代人类的切身利益出发寻找艺术和审美上的突破点,满足受众的精神需求。

美国影视文化具有两面性。

一方面,热衷表现尊重人权、追求民主、歌颂英雄主义、追求自由和公正等主题,探讨反战、环保、未来、灾害等重大问题,能让中国观众从不同角度和视野思考一些严肃的问题。

另一方面,美国影视文化中频繁出现个人主义泛滥、性开放、暴力化社会、高智商犯罪、毒品泛滥等文化符号,对于中国受众,尤其是青少年的价值观影响甚大。

此外,一些美国影视文化作品中夸大和臆造的中国形象是抱有明显偏见的。这一方面会引起许多中国观众的不适,加深对美国敌视的态度;另一方面还可能让一些人真的相信这些对中国的偏见。

这是美国人基于好莱坞对中国人形象的误读,这种模糊的形象和媒体的偏见,共同塑造着美国人的对华认知,也间接塑造着美国的对华政策。美国乔治敦大学美国外交史学家南希·特克教授说:"美国人头脑里模模糊糊的中国形象成为政府用来解释他们对华政策的工具。"

与此形成鲜明对照的是,美国老百姓对自己国家的形象倒有一个清晰的认识:美国担当着普济众生的特殊使命,希望其他民族共享美国的价值观、过美国人的生活。正因为如此,当冷战初期中国倒向苏联时,美国有种遭到背叛的愤怒,随之而来的是对中国的恐惧和疑惑,他们用"狂热""非理性"来形容20世纪60年代的中国政治状况。

20世纪70年代末,中国的改革开放使美国人看到了中国融入西方世界的"希望",与此同时,一个日趋强盛的中国又令美国政府深感不安。正如亨利·卢斯基金会副主席特瑞·罗兹所言,美国人对中国的感情是一种爱恨交织的历史循环。

特瑞说:"我们对中国的态度是充满矛盾的。当中国国力衰弱、疆土分裂时,中国在美国的形象往往比较正面,但是当中国强大起来并开始具备外向发展的潜力时,美国的中国形象则趋于负面。"特瑞进一步指出,美国对中国的这种不确定的、自相矛盾的看法将深刻影响中美关系的发展。

美国人对中国的复杂感情在很大程度上是由国内的新闻媒体造就的。带有偏见的、不完整的中国形象部分源于美国媒体的报道,部分源于政客的操作。美国的精英也知道,对中国历史文化肤浅的了解严重阻碍了美国政策制订者对于中美关系的深入认识。

与美国对中国缺乏了解相对应,中国,尤其是精英,对美国则是过分关注。在中国,无论喜欢美国的,还是讨厌美国的,都在时刻关注美国,这背后有深层的心理原因。

美国赫德森研究所访问学者约翰·李曾在《外交政策》杂志撰文谈"中国的美国强迫症",认为中国人过分关注美国。李先生写道:"中国官员和战略家过分关注美国,他们无时无刻不盯着美国。我对社科院一些学者最近写的100篇文章进行研究后发现,约五分之四的文章都是关于美国的。"

李先生一语中的。中国人从学者到学生,从白领到农民,对美国的关注总是比其他国家多。在李先生看来,原因之一是中国用广泛的新现实主义方法看待国际政治。中国一贯认为它与美国之间日益激烈的竞争是不可避免的,是决定全局的战略竞赛。按照中国的想法,美国与中国之间的紧张气氛是可以控制的,但永远解决不了。出现紧张状态有着结构上的必然性。

这种看法不无道理。中国历史的潜规则是暴力最强者说了算。放眼全球,暴力最强者、有可能对中国构成有效杀伤者,美国毫无疑问居于首位。因此,中国人看美国的目光就会特殊一些,复杂一些,关注也更多一些。

这是从国家关系的角度或者专业的眼光看,而从普通中国人的思维逻辑看,则更有意思。

其实,从人类的历史发展看,欧洲社会是现代文明的典型。欧美文明体系里,美国是最强大的,但美国人的生活方式、社会组织结构、医疗保障体系等不如欧洲,最明显的例子就是这个世界最发达的国家还在为全民医疗保险而苦苦奋斗。

但有些中国人为什么不羡慕欧洲,而更崇拜美国?

除了权钱崇拜,还因为内心缺乏平等意识。中国人很多时候都在抱怨不平等,但有些抱怨不平等的人很多时候不是为了追求平等,而是希望自己成为占据优势的一方。

学界和媒体也是如此。为了迎合大众口味,都去研究美国、报道美国,成了美国的义务宣传员,这也是学界和媒体界功利主义的表现之一,和整个社会的浮躁相吻合。

世界不只是西方,西方也不只是美国,在中国人越来越多地走出国门、走向世界之际,在中国人对世界的感性认知越来越多之时,对美国这个世界超级大国的认知,也应该更平和,更理性。无须仰视,也无须视为敌人,更没必要过于关注美国媒体说了什么、美国官员说什么。美国媒体夸奖中国未必是好事;美国媒体批评中国也未必是坏事。以平常心看美国,多角度看世界,自己的心态才会平和,未来的路才会越走越宽。

附录一　美国人的信条

1. 对环境/责任的自我把握

美国人不相信命运的力量,那些相信此道的人被认为是原始和幼稚可笑的。在美国社会中被称为"宿命论者"是对你最严厉的批评之一:在美国人眼里,这意味着你迷信、懒惰且不思进取。在美国,人们普遍认为"人定胜天",人们相信每个人都应该能够控制周围环境中影响自己的因素。一个人生活上出现挫折不是因为运气不好,而只能归咎于自己没有尽最大的努力。

2. 把变化视为正常的、积极的

在美国人心中,变化毋庸置疑是一种很好的状态,变化是和发展、进步紧密联系在一起的。很多古老的文明视变化为一种破坏力量，重视稳定、持续、传统和古代遗产，这些在美国都不太重要。

3. 把握时间

对大多数美国人来说，时间至关重要。人们可以守时、准时和省时，也可以浪费时间，甚至混时间。美国人似乎更重视按时完成任务而不是发展深层人际关系。你或许会觉得美国人完全被戴在手腕上的那个小玩意所控制着，为了能准时赴下一个约会，他们会突然打断谈话。这一哲学使得美国人珍视效率。

4. 平等与公平

平等是美国人最珍视的价值理念之一，美国人赋予这一理念以宗教意义来巩固它的重要地位。他们说人"生来平等"，每个人都有平等获得成功的机会。平等的概念对于世界上绝大多数人来说很奇怪，因为地位和权威才是他们的追求。

初到美国的外国人要做好被当作"和其他人一样"的普通人看待的心理准备。很多到美国来的外国权贵会被美国服务人员——例如餐厅侍者、商店出纳和出租车司机，对待他们的态度所触怒，美国人不喜欢以一种恭敬的态度对待有权势的人。

5. 个人主义/独立

美国人把自己看作独立的个体,有自己的思想和行动。他们拒绝被看作某个单一组织的代表。即使他们加入某个组织,也认为自己是特殊的,和组织内的其他成员有所不同。在美国,你会发现大家在任何时间、任何地点都在表达自己的不同意见。尽管如此独立,但大多数美国人最终还是给两个政党的候选人投票。个人主义导致尊重隐私,美国人对此十分重视。隐私在许多非西方语言里不存在,即使存在,也有负面含义,表明孤单或被孤立。对美国人来说这真是再正常不过了:"如果我一天当中没有属于自己的半小时,我肯定会彻底疯掉!"

6. 自立

美国人觉得,如果被赞赏那只会是因为他自己的成就,而不是他出生在一个富裕的家庭。美国人以出身贫寒而全凭自己的牺牲和刻苦工作爬上成功阶梯为荣;当然,美国的社会体制也为相对容易地挤入上流社会提供了可能。

你不妨看看英文辞典中有多少以"自"为前缀的合成词,在一部普通的案头字典中会有一百个以上这样的词,比如自知之明、自信、自我中心、自觉、自控、自欺、自满自足、自我批评等。这一长串单词在其他语言里很难找到,白手起家的创业者仍是美国人的形象代表。

7. 竞争

美国人相信竞争可以给个人和任何系统带来最佳结果。重视竞争反映在美国经济系统中的自由企业,并在各个行业得以应用,如医药、艺术、教育和体育。

8. 未来倾向

看重未来发展的美国人相信,未来会带给他们许多被过去和现在忽视了的东西,他们往往并不满足于今天的舒适生活,而是期待未来会拥有更多的愉快和喜悦——他们所有的努力几乎都指向一个更美好的未来。

美国人认为是人自身而非命运在把握局势,他们很擅长制定并执行计划。这种能力使美国人被邀请到世界的各个角落去制订发展计划,并帮助创造奇迹。

9. 行动/工作倾向

"别光站在那儿,做点事!"这是一句典型的美国式忠告。这句话虽仅用于困境中的鼓励,但也描述出在美国人的一生中,行动远远优于不行动。

美国人习惯于制订详尽的时间表,就连休息时间也被严格控制着。他们休息的目的是重获饱满的精力,以便能够更有效地投入新的工作。美国人认为休闲活动只应占据人生的较小一部分。"浪费时间""干坐着不干事"或"做白日梦"都是可鄙的"罪行"。这种对待生活的态度使很多人成为"工作狂",他们永远想着自己的工作,会因被迫离开工作——即使在晚间或周末——而感到烦躁不安。

在美国,人们初次见面的问题通常和工作有关:"你是做什么工作的?"或者"你为哪家公司工作?"。美国是世界上为数不多的认为繁重的体力劳动高尚的国家之一。就是公司老总也会经常性地参加体力劳动,并因此得到而不是失去员工的尊重。

10. 不拘礼仪

如果你来自一个遵守礼仪的国家,你可能会觉得美国人极端不拘小节,甚至有点目中无人。即使与其近邻西欧相比,美国也称得上是世界上最随便的民族之一。举例来说,美国老板常要求他们的雇员直呼其名,被称作先生、女士他们会觉得不舒服。

美国人的这一风格还突出体现在衣着方面,有时甚至令人吃惊。比如说,你去美国大都市的交响音乐会,会发现观众中有

很多人都穿着 T 恤、牛仔裤，或者不系领带。美国人打招呼时
也可见这一风貌：较正式的问候"你好"已被更为随意的"嘿"所
代替，不管对方是自己的上司还是好友。

11. 直率、开放与诚实

很多美国以外的国家都积累了委婉的有时是高度程式化的
语言来传达不好的消息，可美国人永远爱用最直接的方式。他
们在表达自己的负面意见时绝对诚实，其他方式被看作"不诚
实"或"不真诚"。在美国，用中间人来传话被看作"具有操纵性"
和"不值得信任"。

如果你认为面子很重要，那么请相信美国人并不是故意让
你没面子，而是他们认为直率并不会让你丢面子。

12. 务实与效率

美国人被公认是务实和讲效率的，人们在做出重大决定时，
往往首先会考虑这样做是否行之有效。美国人为自己不是很哲
学化或理论化而感到自豪，如果说美国人也会尊崇一派学说，那
只可能是实用主义。

"这样做能挣钱吗？""你的底线是什么？""我能从中得到什
么？"之类，使得美国人比其他国家的人拥有更多的发明创造。

这种务实倾向足以解释美国人对不同职业所持的不同看法:管理和经济比哲学和人类学吃香,法律和医学胜过艺术。

13. 物质主义/贪欲

外国人通常认为美国人非常物质主义,但美国人自己不这么看。美国人觉得他们的"物质"只是努力工作的回报,如果努力工作,人人都可以得到这些。但是,无论以什么标准来衡量,美国人都是唯物的,他们轻视人际关系的乐趣,重视获取、保存、维护物质材料的乐趣。美国人重视发明创造,他们常常用新资产来取代旧资产。一辆车或许只用两三年,而房子也是住上五六年就想换新的。

(注:本文作者罗伯特·科尔斯曾担任华盛顿国际中心主任,2006 年去世。本文写于 20 世纪 80 年代,是一篇外国人了解美国的经典之作)

附录二　出差美国的注意事项

一般性文化注意事项

1. 留心在哪里可以吸烟,哪里不可以吸烟。许多商店、餐馆和公共场所都禁烟。

2. 收到去主人家做客的邀请,最好写一个简短和非正式的便条表示感谢。做客时可以带上鲜花、葡萄酒之类的礼物,主人会很高兴,但礼物不是必不可少的。

3. 美国人收到礼物后一般会立刻打开。

4. 在社交场合吃东西、喝饮料可以随意,主人一般不会主动建议,你可以按照自己的需要自取。

5. 人们在交往中往往以互相恭维作为谈话的开始。

6. 美国人递东西、接东西时习惯用一只手。

7. 美国人习惯用两种手势表示赞同:一种是用拇指和食指

做圆圈示意 OK；一种是握拳向前伸出大拇指表示 thumb up。

8. 在商店买东西、在剧场买票、进入会所、乘坐公共交通都需要排队。即使队伍是非正式的，或者根本没有排队，人们依然遵循先来后到的次序。不要加塞或拥挤。

商务文化注意事项

1. 商务交往初次见面，美国人一般用握手来致意。

2. 不一定在会面开始时交换名片，一般在确认需要继续联系的情况下才交换名片。

3. 守时很重要。

4. 在大城市及其郊区经常交通拥堵，尤其是早 7 时到 9 时、晚 4 时到 7 时的"尖峰时刻"。各个城市的具体尖峰时刻不同，要及时向当地人征询。

5. 借午餐进行商业会议很常见。

6. 早餐会议 7 点就可能开始。

7. 与美国人第一次见面，以先生、小姐、女士或博士称呼对方的姓氏。许多美国人在第一次见面后就会建议你直呼其名。

8. 按美国的规矩不兴赠送商务礼品。在 11 月至 1 月的假日期间送小礼品可以接受。

9. 与其他国家相比，谈判和生意一般会在较短的时间内完成。

    10. 在正式谈判前,双方往往稍做寒暄,但话题有限。

    11. 谈话间双腿交叉或跷二郎腿很常见,可以接受,不属于失礼行为。

附录三　美国选举常用词汇

预选会议(Caucus)

特指以促进政治上或组织上的变化为目的的聚会。在美国选举政治中,这个词专指在提名总统候选人的过程中,党的地方活动人士举行的会议。所谓"分层"预选会议制,是指政党地方活动人士在地方选区会议上选出参加高一级行政区会议的代表,这一级代表再选出参加州一级会议的代表,最后由州级会议代表选出参加本党全国提名代表大会的代表。预选会议旨在通过选出支持某一候选人的代表来表明政党在各州内的党员所希望推举的本党总统候选人。这种做法使决定总统候选人的程序始于基层,因此将总统提名程序民主化。

燕尾提举力(Coattails)

从旧时绅士长礼服后下摆"燕尾"一词引申而来,在美国政治中,指一位在职民选官员或竞选公职的候选人利用自己的声望给本党其他候选人增加胜选机会的能力——好似让别人受其燕尾之提举,顺势走向胜利。

会后弹升(Convention Bounce)

在共和党或民主党全国代表大会完成总统候选人提名的几天内出现的候选人在民意调查中声望上升的现象。

辩论(Debate)

近年在美国政治中,往往指由电视现场转播的总统候选人之间的辩论,他们通过回答媒体或观众的提问来阐述自己和自己所在政党的立场、观点。

分掌政府(Divided Government)

通常指白宫由一个政党控制(即总统是这个党的成员),而国会参、众两院中的至少一院由对立派政党控制(即其成员占多数)的局面。这种情形也会出现在州政府,即州长属于一个党,而控制州议会的是另一个党。分掌政府是美国政体的常见现象,从历史效果来看,它有利于避免激进的变化,并促使两党政治家在立法提案问题上做出妥协。

选举团(Electoral College)

当美国选民前往投票站投票选举总统时,很多人认为自己是在直接选举总统,但美国采用的是十八世纪宪法定下的选举团制。因此,严格地讲,情况并非如此。选举团是一组"选举人"的总称,他们由各州党员在州内提名产生。在大选日,选民实际是把票投给承诺支持某位总统候选人的"选举人"。哪位候选人赢得的选票最多,支持这位候选人的"选举人"就将作为这个州的代表,出席于 12 月分别在各州州府举行的选举总统和副总统的投票。总统候选人必须在全国获得至少 270 张选举人票方可当选。

联邦选举委员会(Federal Election Commission)

负责贯彻和监督执行联邦竞选财务法的独立管理机构,根据对 1971 年联邦竞选法的 1974 年修正案设立。

前置(Front-Loading)

在大选进程中,将预选会议/预选日期尽量提早的做法,以便使本州的预选有助于给总统提名竞选制造决定性势头,进而对最终政党提名总统候选人产生举足轻重的影响。

领先者(Front-Runner)

在竞选或提名过程中被认为呼声最高或最有希望当选的候选人。

硬钱/软钱(Hard Money/Soft Money)

分别代表受联邦竞选财务法约束和不受联邦竞选财务法约束的竞选资金。硬钱受法律规定的约束,可用于对竞选结果有影响的活动,也就是为具体候选人作宣传。软钱指不在法律管辖内的资金,只可用于不对联邦竞选产生影响的活动——如动员选民登记、政党建设、行政费用——以及用于州和地方选举中。

赛马(Horse Race)

以人们观看体育比赛时的激动情绪比喻竞选活动。这个词也指媒体对选情的报道,即往往侧重候选人在民意测验中所处的位置——好像他们是场上的赛马——而不是候选人在竞选议题上的立足点。

中期选举(Midterm Election)

在总统四年任期中间(即接近第二年结束时)进行的国会参议院和众议院选举。其结果经常被视为是对总统前两年政绩的全民公决。中期选举改选参议院部分席位和众议院全部席位,同时也改选州和地方政府的许多官员。

负面广告(Negative Ads)

为争取选民投自己的票而打出的攻击竞选对手人格或从政表现的宣传广告,目的在于丑化对方。

政纲(Platform)

在美国总统选举政治中,指政党表达其原则和目标的正式书面声明,起草于总统候选人提名程序的尾声。近年来,由于电视越来越注重候选人的个性及其显现给人们的领导才能,政纲的重要性逐渐消失。

简单多数(Plurality)

确定选举获胜者的方式之一。简单多数票指的是,一个候选人获得的选票票数多于其他候选人、但往往没有超过总票数的二分之一。换句话说,如果一位候选人赢得 30％的选票,另一位候选人也赢得30％选票,第三位候选人赢得40％选票,那么,第三位候选人就赢得了简单多数票,成为获胜者。

预选选举(Primary Election)

遴选参加某一公职竞选的政党候选人的选举。政府各级的选举都可以有预选,包括地方上的市长选举,选区内的国会众议员选举,全州范围的州长或国会参议员选举,以及总统大选。在"不公开的"(closed)预选选举中,只有本党的注册党员可以投票。在"公开的"(open)预选选举中,作为合格选民的一个政党的人可以参加另一个政党的预选投票(这些人被称为"crossover" voters,即"跨党"投票人)。总统预选选举在州一级举行,以显示各州选民希望让谁成为政党总统候选人。按照各州自己的法律,有些州的选民直接投票推选他们属意的候选人,有些州的选民则把票投给"保证"在党的提名代表大会上支持某一候选人的代表。那些安排在竞选进程早期举行的州预选,有时会带来始料未及的结果,使原来呼声甚高的竞选人失去势头,而本来知名度不那么高的竞选人实力激增。预选选举是与"预选会议"不同的一种预选方式。

逆反票(Protest Vote)

明知没有得胜希望、但仍然投给第三党或某个小党的票,目的是表达对两个主要政党的候选人的不满。

选区重划(Redistricting)

重新划分国会选区的地理界线(国会选区指各州内由联邦众议员代表的选区)。民主党和共和党都力争把握州政府重新划分选区的法律和政治机制——通常是通过对州议会的控制,因为在因人口变迁而需要对选区界线做出调整时,控制州立法机制的政党能够通过重新划分选区来加强自己的得票实力。

区域化(Regionalization)

全美 50 个州形成非正式的六个区域。在总统预选过程中,区域化是指一个区域内的几个州把预选都安排在同一天举行,从而可以最大程度地发挥本地区对选举进程的影响。

单一席位选区(Single-member District)

这是美国现行的联邦和州议员的产生办法,即每个选区有一个议员名额,竞选中获简单多数票的候选人当选。单一席位选区制意味着,在一个选区只能有一个政党获胜。与此相对的是比例代表制(Proportional System)。比例代表制的选区范围相对大得多,每个选区有数名议员代表,并且是在同一次选举中按各政党的得票比例产生。

话语片段(Sound Bite)

在广播和电视新闻中反复播放的某个候选人说过的有代表性的只言片语。

抬轿人/抬轿子(Spin Doctor/Spin)

由竞选班子雇用的媒体顾问或政治顾问,专门用来确保让候选人在任何场合下都得到最佳宣传报道。例如,在两位总统候选人辩论结束后,双方的"抬轿人"都同新闻界联系,向记者指出他们的候选人在辩论中的优势,要让新闻界,进而要让公众相信,他们的候选人是这场辩论的胜利者。这种媒体顾问的鼓吹做法被称为"抬轿子"。

第三党(Third Party)

除共和党和民主党这两个主导美国二十世纪政治生活的政党以外的任何其他政党。

选票分散（Ticket Splitting）

在同一场选举中，把选票投给不同的政党。例如，把票投给投民主党的总统候选人和共和党的参议员候选人。这种不把选票完全投给一个政党的候选人的做法被称为"分散"选票。

社民会议（Town Meeting）

民选官员或竞选公职的候选人与一批地方群众举行的气氛平等的非正式会议，与会者可以向官员或候选人直接提问。

跟踪调查（Tracking Survey）

使候选人能够在竞选过程中随时了解选民情绪变化的一种民意调查方式。调查人在第一次调查中，连续三天晚上向人数相同的选民提问，例如每晚 400 人，三晚共 1 200 人。在第四天晚上，调查人再向另外 400 人提问，并将他们的回答输入资料库，同时删除第一晚的调查结果。如此循序不断，始终保持最近三天来 1 200 人的反应。经过一段时间，选举班子可以对调查的全部信息进行分析，观察某些事件对选民态度产生的影响。

参考书目

1. 马歇尔·麦克卢汉,《麦克卢汉如是说》,何道宽译,中国人民大学出版社,2006.

2. 理查德·豪厄尔斯,《视觉文化》,广西师范大学出版社,2007.

3. 阿尔文·托夫勒,《力量转移》,新华出版社,1996.

4. 阿尔文·托夫勒、海迪·托夫勒,《未来的战争》,新华出版社,1996.

5. 杰里尔·罗赛蒂,《美国对外政策的政治学》,世界知识出版社,1997.

6. 曼纽尔·卡斯特,《认同的力量》,社会科学文献出版社,2003.

7. 约瑟夫·奈,《权力大未来》,中信出版社,2012.

8. 约翰·奈斯比特,《大趋势:改变我们生活的十个新方向》,中国社会科学出版社,1984.

9. 保罗·肯尼迪,《大国的兴衰》,求实出版社,1988.

10. 亨利·基辛格,《大外交》,海南出版社,2001.

11. 马斯·博克、丁伯成,《美国"精英"的中国观》,外文出版社,2000.

12. 比尔·盖茨,《未来之路》,北京大学出版社,1996.

13. 爱泼斯坦,《中国未完成的革命》,新华出版社,1987.

14. 汉斯·摩根索,《国家间政治:权力斗争与和平》,北京大学出版社,2006.

15. 威廉·恩道尔,《石油战争:石油政治决定世界新秩序》,知识产权出版社,2008.

16. 托马斯·弗里德曼,《世界是平的:21世纪简史》,湖南科学技术出版社,2006.

17. 尼葛洛庞帝,《数字化生存》,海南出版社,1997.

18. 迈克尔·沙利文-特雷纳,《信息高速公路透视》,科学技术文献出版社,1995.

19. 尼克松,《1999:不战而胜》,世界知识出版社,1989.

20. 安德鲁·兰伯特,《海洋与权力》,湖南文艺出版社,2021.

21. 房龙,《你一定爱读的极简美国史》,中国商业出版社,2019.

22. 艾伦·布林克利,《美国史》,北京大学出版社,2020.

23. 查尔斯·俾耳德、威廉·巴格力,《美国的历史》,新世界出版社,2017.

24. 奥利弗·斯通、彼得·库茨尼克,《躁动的帝国》,新世界出版社,2019.

25. 诺姆·乔姆斯基,《谁统治世界?》,北京时代华文书局,2018.

26. 乔纳森·休斯、路易斯·凯恩,《美国经济史》,上海人民出版社,2013.

27. 弗雷德里克·沃特金斯,《西方政治传统:近代自由主义之发展》,广西师范大学出版社,2016.

28. 艾伦·格林斯潘、阿德里安·伍尔德里奇,《繁荣与衰退》,中信出版集团,2019.

29. 塞缪尔·亨廷顿,《美国政治》,新华出版社,2016.

30. 威廉·曼彻斯特,《光荣与梦想》,商务印书馆,2001.

31. 伊莎贝尔·威尔克森,《美国不平等的起源》,湖南文艺出版社,2021.

32. 尼克·邦克,《大英帝国的崩溃与美国的诞生》,民主与建设出版社,2017.

33.约翰·米尔斯海默,《大国政治的悲剧》,上海人民出版社,2014.

34.约瑟夫·奈,《美国世纪结束了吗?》,北京联合出版公司,2016.

35.罗杰·洛温斯坦,《美联储的诞生》,浙江大学出版社,2017.

后 记

1

凡事皆有因果,这本书得以问世,需要从头说起。一切都始于马晓霖教授的一个电话。

那是 2020 年 12 月的一个下午,浙江外国语学院环地中海研究院院长马晓霖教授打来电话,问我是否有意加盟浙外,担任即将成立的美国研究中心执行主任。

马教授于我,亦师亦友,用他的话说,是看着我长大的。他对我的职业发展一直有着莫大的帮助。2014 年,我们曾一起应邀在北京和美国前国务卿约翰·克里面谈,谈话内容被某些媒体曲解,上了不少国内外媒体的头条,也引发了诸多争议。此前,我出版第一本书《选票的背后》时,马老师在中东颠簸的大客车上给我写书评,并直接发给了中国顶级书评类报纸。这些,留待以后有机会再细说,我还是接着从这个电话说起。

他说浙外要成立一个美国研究中心,并认为我特别适合。

适合吗?接下来的几天,我一直在思考。从北京到杭州,从公司到高校,从实践到理论,这是一个不小的转折。我略感踌躇,马老师却一直鼓励我,认为这是实现人生转型和更大价值的机会。

此后,和时任浙外副校长李安、时任浙外人事处处长徐秀萍、时任英语学院院长蒙兴灿接触,深感这是一个有追求、有活力的团队,也越发坚信浙江外国语学院是一个可以踏实做学问、做研究的好地方。

于是,收拾行囊,南下。

2

要白手起家创建一个研究中心,不是那么容易。

好在我们有来自各有关机构的大力支持。马晓霖教授和浙江省外事办公室美洲大洋处刘晓慰处长担任我们的特聘导师,来自北大、清华、人大、复旦、社科院的诸多前辈专家答应担任顾问或高级研究员,这让中心甫一成立,便有了一定的高度。中心筹备过程中,英文学院动员全院之力予以支持,更是彰显了这个集体团结、昂扬、进取的姿态。

布谷声中夏令新。2021 年 5 月 15 日,浙江外国语学院美国研究中心正式成立,每一位拨冗赴会的前辈、领导、学者,我都铭感于心。

浙外校长张环宙在成立大会上指出,美国研究中心的成立是学校"新型智库"建设的又一重要举措。当前世界正处于"百年未有之大变局",加强美国相关研究,促进中美两国经贸和人文交流,具有重要意义。学校将加大投入、集聚资源,将研究中心建设成为集学术研究与政策咨询于一体的应用型研究机构。

3

有时候,成立一个研究机构容易,但持续进行研究并在专业领域内有所深入,并不是件容易的事。

美国研究中心面临的第一个问题是如何定位。经过探讨,我们决定实行差异化竞争,在以下三个领域做出特色:第一,中美经贸、投资、产业、科技交流;第二,中美人文交流;第三,美国联邦及各州基本情况与中美地方交流。

当然，作为一家智库，中心不仅要进行理论研究，也要进行政策、对策研究，同时还要通过专著影响公众。因此，出版一系列关于美国的图书成了摆在我们面前的重要任务之一。按照马教授的建议，我们应该出一套关于美国各州的丛书，将美国研究予以细化。我觉得，中心在准备这套丛书之前，应该有一本关于美国的综述类图书。尽管研究美国的图书早已汗牛充栋，但从通俗易懂的角度系统性介绍美国，依然是有必要的，它应该既可以作为大学国别和区域研究的教材，也可以作为了解美国的一般读物。

就在我打算写这本书的时候，学院给我安排了2021年秋季学期的美国研究课程。初次在高校任教的我，感到莫大的压力，唯恐讲不好对不起学校的信任、对不住学生。于是，2021年的整个夏天，我钻进故纸堆，收集大量资料并结合自己的经历，写完初稿。然后，把初稿的部分内容做成PPT带到课堂。和学生们的互动，给了我不少灵感和触动，我又据此添加了部分内容，修正了部分观点，形成了今天的这些文字。

基本定稿后，我把情况汇报给浙江外国语学院国别和区域研究中心主任、原北京第二外国语大学校长周烈教授，周校长表示大力支持，这本书终于得以付梓。

4

这本书的问世,当然离不开我的好朋友、原南京大学出版社编辑陈卓兄的鼓励和帮助。多年来,他在北京的一家国家级出版社策划了诸多叫好又叫座的书籍,从北京到南京,再从南京回到北京,很高兴他又有了新的阵地。我把课程做成教材的想法一出现,就和陈卓兄沟通,他提出了不少真知灼见,并持续给我鼓励。

浙江外国语学院校长张环宙、副校长柴改英、时任副校长李安等三位教授一直鼎力支持中心的工作,支持中心的学术研究和探索,在此深表谢意。

浙江外国语学院原人事处处长、战略合作处处长徐秀萍,原人事处处长王永青、图书馆馆长马新生、英语学院副院长郑淑贞、蒙兴灿教授,对于本书的出版也给予了各方面的帮助。邢富坤院长对美国研究中心的支持,更是让这个年轻的研究机构获益匪浅。

另外,中心秘书长陆海霞、英语学院办公室主任朱宇娟也在各个关键环节付出了辛劳,在此一并感谢。美国研究中心研究员王璠老师对于本书涉及美国的各种术语的专业性和准确性提出了不少建议,亦非常感谢。

本书初稿是面向英语学院19级5班、6班的学生,他们的参与、反馈、思考、质疑,也为本书注入了不少活力。撰写这篇后记的时候,其中一位课堂上特别活跃的周沙鹏同学已经获得全额奖学金前往美国知名大学攻读法律硕士。这也让我更深切地意识到,高校最为宝贵的财富是学生,教学不是填鸭,而是双向互动、相互学习的过程。

参考书目只列出了部分中文书目,为了阅读的流畅性,一些数据来源直接在文中列出,故而没有重复列举英文文献和中文电子文献,就此向有关作者及出版单位致歉。

由于学识有限,时间仓促,本书难免有疏漏之处,付梓之际,心怀感激,借此机会,谨向帮助中心发展的各界人士表示敬意。

当然,写一本书总是有诸多遗憾,因为作者能力有限,虽然已经尽力,但依然无法做到尽善尽美。这本书当然也会存在诸多问题,希望打开这本书的朋友多多包涵。如果有什么意见或建议,可以通过微信公众号"浙里看美国"和我联系。这是浙江外国语学院美国研究中心的公众号,您的关注和建议将对我们的发展大有裨益。

这本书只是抛砖引玉,是对美国的一次粗线条概述。接下来,中心还将出版研究美国各州具体状况的系列图书。最后,公布一下我个人的微信号"guanjianlxs",欢迎各位读者不吝赐教。

图书在版编目(CIP)数据

从大航海到大博弈:美国历史文化十讲／王冲著
. — 南京:南京大学出版社,2024.5
ISBN 978 - 7 - 305 - 26149 - 7

Ⅰ.①从… Ⅱ.①王… Ⅲ.①文化史－美国 Ⅳ.
①K712.03

中国版本图书馆 CIP 数据核字(2022)第 169848 号

出版发行　南京大学出版社
社　　址　南京市汉口路22号　邮　编　210093

CONG DAHANGHAI DAO DABOYI——MEIGUO LISHI WENHUA SHI JIANG
书　　名　从大航海到大博弈——美国历史文化十讲
著　　者　王　冲
责任编辑　陈　卓
书籍设计　周伟伟
印　　刷　江苏苏中印刷有限公司
开　　本　880 mm×1230 mm　1/32　印张 10　字数 189 千
版　　次　2024 年 5 月第 1 版　2024 年 5 月第 1 次印刷
ISBN 978 - 7 - 305 - 26149 - 7
定　　价　59.00 元

电子邮箱　Press@NjupCo.com
网　　址　http://www.njupco.com
官方微博　http://weibo.com/njupco
官方微信　njupress
销售热线　025 - 83594756